Die Belehrungspflicht des Notars

Von

Dr. Felix Szkolny
Justizrat, Rechtsanwalt und Notar in Berlin

Berlin und Leipzig 1927

Walter de Gruyter & Co.

vormals G. J. Göschen'sche Verlagshandlung / J. Guttentag, Verlagsbuchhandlung / Georg Reimer / Karl J. Trübner / Veit & Comp.

Inhalt.

Abkürzungen.

AG.	Ausführungsgesetz.
BGB.	Bürgerliches Gesetzbuch.
Bad. RPolGes.	Badisches Rechtspolizeigesetz vom 17. Juni 1899.
Bad. RPO.	Badische Rechtspolizeiordnung vom 1. März 1907.
Bayr. GeschO. f. Not.	Bayrische Geschäftsordnung für Notare vom 30. Oktober 1913.
Bayr. NotGes.	Bayrisches Notariatsgesetz vom 9. Juni 1899.
Braunschw. AGFGG.	Braunschweigisches Ausführungsgesetz zum Gesetz über die Angelegenheiten der freiwilligen Gerichtsbarkeit vom 12. Juni 1899.
DNotV.	Zeitschrift des Deutschen Notarvereins.
DVO.	Durchführungsverordnung.
EG.	Einführungsgesetz.
Enneccerus	Enneccerus-Kipp-Wolff, Lehrbuch des bürgerlichen Rechts. 25. Aufl.
GS.	Preußische Gesetzsammlung.
Hachenburg	Hachenburg, Kommentar zum Gesetz, betr. die Gesellschaften m. b. H. 5. Aufl.
Hamb. NotGes.	Hamburgisches Gesetz, betr. das Notariat, vom 29. Dezember 1899.
Hess. AGFGG.	Hessisches Gesetz, die Ausführung des Gesetzes über die Angelegenheiten der freiwilligen Gerichtsbarkeit betreffend, vom 18. Juli 1899.
Hess. NotGes.	Hessisches Gesetz, das Notariat betreffend, vom 15. März 1899.
Jastrow	Deutsch-preußisches Notariatsrecht von Hermann Jastrow. 15. Aufl.
JMBl.	Justizministerialblatt für die preußische Gesetzgebung und Rechtspflege.

IndBelGes.	Industriebelastungsgesetz.
JW.	Juristische Wochenschrift.
KGJ.	Jahrbuch für Entscheidungen des Kammergerichts.
Oberneck	Oberneck, Das Notariatsrecht der deutschen Länder.
OLG.	Rechtsprechung der Oberlandesgerichte.
Pr. FGG.	Preußisches Gesetz über die freiwillige Gerichtsbarkeit.
Pr. StStG.	Preußisches Stempelsteuergesetz.
RAO.	Reichsabgabenordnung.
RFGG.	Reichsgesetz über die Angelegenheiten der freiwilligen Gerichtsbarkeit.
RGKomm. z. BGB.	Kommentar der Reichsgerichtsräte zum BGB. 5. Aufl.
RGZ.	Entscheidungen des Reichsgerichts in Zivilsachen.
Sächs. AG.	Sächsisches Gesetz zur Ausführung einiger mit dem BGB. zusammenhängender Reichsgesetze vom 15. Juni 1900.
Sächs. AVFGG.	Sächsische Verordnung zur Ausführung der Gesetze über die Angelegenheiten der freiwilligen Gerichtsbarkeit und des Hinterlegungswesens vom 16. Juni 1900.
Schlegelberger	Schlegelberger, Die Gesetze über die Angelegenheiten der freiwilligen Gerichtsbarkeit für das Reich und Preußen. 2. Aufl.
Staub	Staub, Kommentar zum Handelsgesetzbuch. 12. Aufl.
Szkolny-Kober	Szkolny-Kober, Das Notariatrecht.
Thür. AVFGG.	Thüringische Ausführungsverordnung zum Reichsgesetz über die Angelegenheiten der freiwilligen Gerichtsbarkeit vom 21. August 1923.
Württemb. AGBGB.	Württembergisches Ausführungsgesetz zum BGB. vom 28. Juli 1899.

Einleitung.

Die Allgemeine Gerichtsordnung für die preußischen Staaten (II 2 §§ 31 bis 36) hatte die Belehrungspflicht des Notars mit vielen guten Worten geregelt. Diese Vorschriften sind durch Art. 144 Pr. FGG. aufgehoben. Reichsgesetzlich bestehen darüber keine Bestimmungen. Aus § 175 RFGG. ergibt sich nur, daß der Aufnahme des Protokolls eine Verhandlung des Notars mit den Beteiligten vorhergehen muß. Über die Art dieser Verhandlung ist jedoch nichts bestimmt. Die Vorschriften der Landesgesetze, auf die im Laufe der Darstellung näher einzugehen ist, sind meist allgemeiner Natur und stimmen oft wörtlich überein. Manche Landesgesetze enthalten daneben Einzelbestimmungen, auf die sich andere überhaupt beschränken (vgl. z. B. für Preußen Art. 40 Pr. FGG.). Als Grundsatz wird aufgestellt: Der Notar hat die amtliche Pflicht, den von ihm ermittelten Willen der Parteien klar, rechtsgültig und zweckentsprechend zu beurkunden. Er hat auf Zweifelsfragen hinzuweisen und dafür Sorge zu tragen, daß die Beurkundung Streitigkeiten nach Möglichkeit vorbeugt. Die praktische Anwendung zeigt, daß man mit solchen scheinbar einfachen und klaren Regeln die Gestaltungen des Rechtslebens nicht zu meistern vermag. Aufgabe von Wissenschaft und Praxis ist es, Gegenstand, Inhalt und Zweck der Belehrungspflicht dergestalt zu bestimmen, daß das Ergebnis von einer isolierten Betrachtung der einzelnen Fälle gleich entfernt ist wie von deren summarischer Zusammenfassung zu einer farblosen Abstraktion.

Die Grundlage der Erörterungen muß der reiche Erfahrungsstoff bilden, den die Rechtsprechung, besonders des Reichsgerichts, darbietet. Er bedarf der Ergänzung durch andere typische Erscheinungen. Zur Vervollständigung des Bildes sind aus praktischen Erwägungen auch solche Fälle heranzuziehen, in denen die Belehrung der Beteiligten durch den Notar nicht als zwingend, wohl aber als zweckmäßig angesehen werden muß. Die Grenzen sind fließende, zumal da die Entscheidung von den Besonderheiten und Zufälligkeiten des konkreten Falles nicht loszulösen ist.

Erster Abschnitt.

Die Belehrungspflicht im allgemeinen.

Die Gruppierung des Stoffes ergibt sich dadurch, daß man die Voraussetzungen der Beurkundung, den Inhalt der Beurkundung und die Maßnahmen nach der Beurkundung unterscheidet.

I. Die Voraussetzungen der Beurkundung.

Zur Wirksamkeit einer Willenserklärung gehört in erster Linie, daß sie von einer geschäftsfähigen Person abgegeben wird. Der Notar kann das Vorhandensein der **Geschäftsfähigkeit** als Regel voraussetzen. Er macht sich aber haftpflichtig, wenn z. B. das Aussehen der Person objektiv geeignet war, Zweifel an der Volljährigkeit zu erwecken, oder wenn sich die Minderjährigkeit aus einer dem Notar überreichten Urkunde ergibt. Ein protokollarischer Vermerk, daß der Beteiligte geschäftsfähig sei, ist in der Regel nicht erforderlich. § 76 Bayr. GeschO. f. Not. schreibt vor, daß der Notar bei der Beurkundung von Rechtsgeschäften (insbesondere letztwilligen Verfügungen) schwerkranker Personen die Geschäftsfähigkeit sorgfältig zu ermitteln hat und das Vorhandensein der Krankheit und seinen Befund über die Geschäftsfähigkeit in dem Protokoll erwähnen soll. Nach § 12 Sächs. AV.FGG. soll der Notar bei Testamenten und Erbverträgen, wenn er von der Geschäftsfähigkeit des Erblassers überzeugt ist, dies im Protokoll feststellen.

Ergibt das Protokoll keinen Zweifel an der Geschäftsfähigkeit der Parteien, so gehen die Behörden, insbesondere der Grundbuchrichter, von dem Vorhandensein der Geschäftsfähigkeit aus, haben jedoch ein Nachprüfungsrecht (KGJ. 35 A 199).

Ist der Mangel der Geschäftsfähigkeit offenbar, so muß der Notar die Beurkundung ablehnen, weil das Geschäft ungültig ist (vgl. Art. 40 Abs. 2 Pr. FGG., Art. 28 Bayr. Not.Ges., § 75 Bayr. GeschO. f. Not., § 49 Sächs. AG., Art. 109 Württemb. AG.BGB., § 65 Bad. RPolGes., § 34 Thür. AG.FGG., Art. 74 Hess. AG.FGG., § 24 Hamb. Not.Ges.). Das gleiche gilt, wenn die Zustimmung des gesetzlichen Vertreters dem Geschäfte eines beschränkt Geschäftsfähigen vorausgehen oder gleichzeitig mit dessen Vornahme erfolgen muß, wie z. B. bei den einseitigen Geschäften eines Minderjährigen (vgl. § 111 Satz 1 BGB. und dazu Breit, Die Geschäftsfähigkeit, S. 178 ff., Enneccerus S. 374 Anm. 5), denn das Geschäft ist mangels dieser Zustimmung (Einwilligung) unwirksam.

Bloße Zweifel an der Geschäftsfähigkeit berechtigen den Notar nicht, die Beurkundung abzulehnen. Er muß jedoch die Zweifel den Beteiligten mitteilen und den Inhalt der Mitteilung sowie die von den Beteiligten darauf abgegebenen Erklärungen in dem Protokoll feststellen (vgl. Art. 40 Pr. FGG. und die übrigen oben angeführten landesgesetzlichen Bestimmungen). Kann die Zustimmung des gesetzlichen Vertreters zu dem Geschäfte eines beschränkt Geschäftsfähigen nachgeholt werden, so gilt das gleiche. Da es sich um eine Sollvorschrift handelt, hat die Übertretung derselben auf die Gültigkeit der Verhandlung keinen Einfluß, der Notar macht sich jedoch zivilrechtlich und disziplinarisch haftbar.

Belehrung und protokollarischer Vermerk erübrigen sich, wenn ein beschränkt Geschäftsfähiger der Zustimmung des gesetzlichen Vertreters nicht bedarf (vgl. §§ 107, 112, 113, 114 BGB.). So braucht der Minderjährige zu einer Willenserklärung, durch die er lediglich einen rechtlichen Vorteil erlangt, nicht die Einwilligung seines gesetzlichen Vertreters (§ 107 BGB.). Diese Zustimmung ist aber zur Entgegennahme der Auflassung eines Grundstücks auch dann erforderlich, wenn die Auflassung schenkungsweise erfolgt und das Grundstück unbelastet ist, weil das Eigentum an einem Grundstück dem Eigentümer Verpflichtungen öffentlich-rechtlicher Natur auferlegt (KGJ. 45 A 237).

Bedarf der gesetzliche Vertreter der Genehmigung des

Vormundschaftsgerichts, des Gegenvormunds oder des Beistands (vgl. §§ 1643, 1686, 1690, 1812, 1819 ff. BGB.), so ist das Geschäft bis zur Entscheidung über die Genehmigung in der Schwebe (vgl. §§ 1829 ff. BGB.). Der Notar kann daher die Beurkundung nicht verweigern, muß aber seiner Belehrungs- und Protokollierungspflicht genügen. Da es streitig ist, ob der Erwerb und die Abtretung von Geschäftsanteilen einer Gesellschaft mit beschränkter Haftung durch einen Minderjährigen der Genehmigung des Vormundschaftsgerichts bedarf, empfiehlt es sich, die Beteiligten auf diese Zweifelsfrage hinzuweisen. Bei dem Erwerb wird die Genehmigung gemäß § 1822 Ziffer 10 BGB. gefordert, weil der Erwerber nach §§ 24 und 31 des Gesetzes für etwaige Rückstände, also für fremde Verbindlichkeiten, haftet (so Hachenburg Anm. 1 zu § 13 im Widerspruch zu seinen Ausführungen Anm. 23 zu § 2). Bei der Veräußerung soll es nach der Ansicht des Kammergerichts nach den Umständen des einzelnen Falles zu beurteilen sein, ob die Abtretung des Geschäftsanteils oder der Geschäftsanteile eines Minderjährigen einem auf Veräußerung eines Erwerbsgeschäfts gerichteten Vertrage im Sinne des § 1822 Ziffer 3 BGB. gleichsteht (vgl. JW. 26, 600; Brodmann Anm. 6 zu § 2; a. M. Hachenburg Anm. 1 zu § 15).

Die Verfügungsbefugnis, d. h. die rechtliche Macht, über ein Recht zu verfügen, muß von der Geschäftsfähigkeit geschieden werden. Diese ist eine Eigenschaft der Person, jene eine Beziehung zu dem Gegenstande des Geschäftes. Oft ist die Wirksamkeit eines Geschäftes von der Zustimmung eines Dritten abhängig. Die wichtigsten hierher gehörigen Fälle sind folgende:

a) Die Zustimmung kraft Aufsichtsrechtes (vgl. Blume in JheringsJ. 48, 417; Enneccerus I, 523). So bedarf es beim Verkauf von landwirtschaftlichen Grundstücken, die über 5 ha groß sind, der Genehmigung der zuständigen Behörde (Landrat). Die Genehmigung kann nach RGZ. 81, 23 nachträglich erteilt werden (vgl. Bekanntm. vom 15. März 1918, RGBl. S. 123). Bei der Aufnahme des Geschäftes soll der Notar auf die Notwendigkeit der Genehmigung hinweisen. In dem Protokoll ist zu vermerken, daß die Belehrung erfolgt ist (vgl. Allgem. Verf. vom 19. März 1921 in JMBl. 21,

212). Bei landwirtschaftlichen Grundstücken (über den Begriff vgl. Ponsik in JW. 26, 964) im Umfange von 25 ha aufwärts oder Teilen von solchen Grundstücken hat das gemeinnützige Siedlungsunternehmen ein Vorkaufsrecht (vgl. im einzelnen Szkolny-Kober S. 93 ff.).

Juristische Personen, die in einem anderen deutschen Lande ihren Sitz haben, bedürfen zum Erwerbe eines in Preußen belegenen Grundstücks im Werte von mehr als 3000 Goldmark der in Art. 7 § 2 Pr. AG. z. BGB. vorgeschriebenen Genehmigung. Dies gilt auch für den Erwerb durch ein anderes deutsches Land (vgl. JW. 25, 32). Der gleichen Genehmigung bedürfen ausländische juristische Personen ohne Rücksicht auf den Wert. Über das Genehmigungsverfahren siehe Pr. GS. 20, 85. Nach Abs. 2 des Art. 7 § 1 bedarf es der Genehmigung nicht für solche Personen des öffentlichen Rechts, welche nach den für sie geltenden Gesetzen davon befreit sind. Diese Bestimmung gilt nicht für katholische und evangelische Kirchengemeinden, vielmehr bedürfen sie zum Erwerbe von Grundstücken der staatlichen Genehmigung, wenn der Wert den Betrag von 3000 Goldmark übersteigt (KGEntsch. in DNotV. 26, 197 und 581).

b) Die Zustimmung des Berechtigten, wenn jemand über ein fremdes Recht im eigenen Namen verfügt (§ 185 BGB.).

c) Die Zustimmung des Vertretenen bei Verträgen, die jemand ohne Vertretungsmacht in dessen Namen abschließt (§ 177 BGB.). Bei einem einseitigen Rechtsgeschäft ist Vertretung ohne Vertretungsmacht in der Regel unzulässig (vgl. § 180 BGB.).

d) Die Zustimmung wegen unmittelbaren oder mittelbaren Eingriffs in die Rechte eines anderen. So bedürfen zahlreiche Geschäfte eines Ehegatten der Zustimmung des anderen Ehegatten (§§ 1395 ff., 1399 Abs. 2, 1405, 1412, 1444 ff., 1460, 1465 Abs. 2, 1516, 1716 BGB. [Annahme an Kindes Statt]), gewisse Verfügungen des Vorerben der Zustimmung des Nacherben (§ 2113 BGB.). Bei der Kommanditgesellschaft auf Aktien ist für die Beschlüsse der Generalversammlung die Zustimmung der persönlich haftenden Gesellschafter erforderlich, soweit sie Angelegenheiten betreffen, für die bei der Kommanditgesellschaft das Einverständnis der persönlich haftenden Gesellschafter und der Kommanditisten erforderlich ist (§ 327 HGB.).

Bei der Veräußerung von Geschäftsanteilen einer Gesellschaft mit beschränkter Haftung kann die Übertragbarkeit durch den Gesellschaftsvertrag beschränkt, z. B. an die Zustimmung der Gesellschaft oder aller Gesellschafter geknüpft sein. Für die Veräußerung von Teilen eines Geschäftsanteils ist die Genehmigung der Gesellschaft zwingend vorgeschrieben (§ 17 des Gesetzes über die Gesellschaften mit beschränkter Haftung). Eine ohne die erforderliche Zustimmung vorgenommene Übertragung ist unwirksam. Wenn Aktiengesellschaften vor Ablauf von zwei Jahren seit der Eintragung in das Handelsregister Anlagen, die dauernd zu ihrem Geschäftsbetriebe bestimmt sind, oder unbewegliche Gegenstände (Grundstücke, Erbbaurecht) für eine den zehnten Teil des Grundkapitals übersteigende Vergütung erwerben, so ist, was häufig übersehen wird, die Zustimmung der Generalversammlung erforderlich (§ 207 HGB.).

Bedarf die Verfügungsmacht eines besonderen Nachweises, so muß der Notar kraft seiner Pflicht ein rechtsgültiges Geschäft zu beurkunden, die Belege fordern und auf ihre Ordnungsmäßigkeit prüfen. Bei ausländischen Urkunden, vor allem bei Vollmachten, ist der Legalisation besondere Aufmerksamkeit zu widmen. Nach § 27 Abs. 4 Bayr. GeschO. f. Not. soll, wenn die öffentliche Urkunde über die Vollmachtserklärung im Auslande errichtet ist, im Protokoll angegeben werden, ob sie die erforderlichen Legalisationsvermerke trägt.

Bei Vollmachten, die, wenn auch nur auf bestimmte Zeit, unwiderruflich zur Veräußerung von Grundstücken erteilt sind, ist die notarielle Beurkundung erforderlich. Ist der Bevollmächtigte von den Beschränkungen des § 181 BGB. befreit, so ist die Vollmacht nach § 313 BGB. nur dann formbedürftig, wenn sie von vornherein zum Zwecke des Abschlusses eines Grundstücksverkaufs zwischen dem Vollmachtgeber und dem Bevollmächtigten erteilt ist. Diese Formvorschrift gilt nicht für Vollmachten, die im Auslande ausgestellt sind, wie z. B. in Österreich, wo eine solche Vorschrift für die Veräußerung von Grundstücken nicht besteht.

Bei einer Reihe von Rechtsgeschäften ist die Vertretung überhaupt unzulässig (vgl. §§ 1307, 1317, 1336, 1337 Abs. 3 BGB. [Eheschließung, Anfechtbarkeit der Ehe], 1358 Abs. 3 BGB. [Zustimmung des Ehemannes zur Eingehung einer persönlich zu erfüllenden Verpflichtung der Ehefrau und die Kündigung einer solchen Verpflichtung], 1437 Abs. 1, 1549 BGB. [ein Ehevertrag über Vereinbarung oder Aufhebung der allgemeinen Gütergemeinschaft oder der Fahrnisgemeinschaft kann zwar durch einen Bevollmächtigten, aber nicht durch den gesetzlichen Vertreter abgeschlossen werden], 1595, 1598 Abs. 3, 1728, 1731 BGB. [Anfechtung und Anerkennung der Ehelichkeit eines Kindes, Antrag auf Ehelichkeitserklärung, Einwilligung dazu, Anfechtung], 1748 Abs. 2, 1750, 1755, 1770 BGB. [Annahme an Kindes Statt], 2064, 2254 bis 2256, 2271 BGB. [Errichtung und Widerruf eines Testaments], 2274 BGB. [der Abschluß eines Erbvertrages, was die Person des Erblassers betrifft], 2282, 2284, 2290, 2292, 2296 BGB. [Anfechtung eines Erbvertrages, Bestätigung, Aufhebung, Rücktritt], 1516 BGB. [Zustimmung des Ehegatten zu einer letztwilligen Verfügung des anderen Ehegatten über die fortgesetzte Gütergemeinschaft]. Will jemand auf Grund einer Untervollmacht ein Rechtsgeschäft abschließen, so muß der Notar prüfen, ob in der Hauptvollmacht die Befugnis, einen Unterbevollmächtigten zu bestellen, enthalten ist. Selbst bei der Generalvollmacht muß diese Befugnis besonders erteilt sein (vgl. hierzu unten S. 22).

Ein Hinweis darauf, daß der Notar den entsprechenden Nachweis fordern muß, wenn jemand in seiner Eigenschaft als Erbe ein Rechtsgeschäft abschließen will, könnte als überflüssig erscheinen, wenn nicht Versäumnisse in dieser Hinsicht die Gerichte wiederholt beschäftigt hätten. So hatte sich in dem der Entscheidung des Reichsgerichts in JW. 23, 1025 zugrunde liegenden Tatbestand der Notar bei der Veräußerung eines Grundstücks durch eine als Vorerbin eingesetzte Witwe des Erblassers mit deren Erklärung zufrieden gegeben, daß sie zum Verkauf von Nachlaßgrundstücken berechtigt sei. Der Notar hätte, wie das Reichsgericht ausführt, der Tatsache Rechnung tragen müssen, daß rechtsunkundige Personen die als Vorerbin eingesetzte oder nur mit dem Nießbrauch am Nachlaß bedachte Witwe für allein verfügungsberechtigt halten, und daher auf die Notwendigkeit einer Prüfung des Testaments aufmerksam machen müssen.

Ergibt sich, daß die Verfügungsbefugnis fehlt und auch nicht nachgeholt werden kann, z. B. weil eine Stellvertretung überhaupt unzulässig ist oder weil die Zustimmung des Dritten der Erklärung der Hauptperson vorauszugehen hat, muß der Notar die Beurkundung ablehnen (vgl. oben S. 10). Ist dagegen das Geschäft nicht unwirksam, sondern nur in der Schwebe, so gelten für die Belehrungspflicht des Notars die oben bei der Erörterung der Geschäftsfähigkeit angegebenen Grundsätze (vgl. S. 11). Bei Beurkundungen, wo jemand ohne Vertretungsmacht auftritt, ist die Belehrung und protokollarische Feststellung mit Rücksicht auf die §§ 178, 179 Abs. 3 BGB. besonders wichtig. Denn die Kenntnis des Mangels beraubt die andere Partei des ihr sonst zustehenden Widerrufsrechts und des Anspruchs auf Schadensersatz gegen den Vertreter.

Überblickt man die obenerwähnten Fälle, in denen die Hauptpartei kein ausreichendes Recht besitzt, über den Gegenstand des Geschäftes zu verfügen, so wird sich dieser Mangel in der Regel aus der Natur des zu beurkundenden Rechtsgeschäftes ohne weiteres ergeben, so daß die Belehrungspflicht keinem Zweifel unterliegt. Diese Voraussetzung trifft jedoch nicht immer zu, beispielsweise nicht, wenn die Veräußerung eines Geschäftsanteils einer Gesellschaft mit beschränkter Haftung durch den Gesellschaftsvertrag an die Zustimmung aller Gesellschafter geknüpft ist, oder wenn die Abtretung einer Forderung durch Vereinbarung mit dem Schuldner ausgeschlossen ist (§ 399 BGB.; vgl. aber auch § 405 BGB.). Daß der Notar nicht nach solchen Möglichkeiten zu forschen hat, ergibt sich schon aus dem Wortlaut des Art. 40 Pr. FGG. und der anderen in demselben Zusammenhang angeführten landesgesetzlichen Bestimmungen, da sich Zweifel an der Gültigkeit des Geschäftes aus dem zu beurkundenden Rechtsakte nicht ergeben.

Bei der Beurkundung **liegenschaftlicher Rechtsgeschäfte** ist zur Feststellung nicht nur der Verfügungsbefugnis, sondern auch der rechtlichen und tatsächlichen Voraussetzungen der Beurkundung die Einsicht des Grundbuchs geboten. Art. 30 Bayr. Not.Ges. (vgl. §§ 155 ff. Bayr. GeschO. f. Not.) schreibt dies ausdrücklich vor: „Die Verpflichtung zur Einsicht des Grundbuchs oder des Auszugs aus dem Grundbuche kann von den Beteiligten nicht erlassen werden. Ausnahmen sind nur in Notfällen zulässig. Der Notar soll den Notfall in der Urkunde feststellen." Nur ein Grundbuchauszug aus jüngster Zeit ersetzt die Einsicht (vgl. auch §§ 109 ff. Bad. RPO.). Soweit solche Vorschriften nicht bestehen, hat der Notar nicht kraft seines Amtes, sondern nur auf Grund eines besonderen dahin gehenden Auftrages die Pflicht, das Grundbuch einzusehen (vgl. RGZ. 15, 300; JW. 19, 241; DNotV. 26, 533). Aber er muß sich davon überzeugen, daß die Parteien von dem Inhalt des Grundbuchs Kenntnis haben, und sie über die Notwendigkeit der grundbuchlichen Einsicht belehren (vgl. RG. in JW. 19, 502). Bestehen sie, obgleich keine Klarheit über den Inhalt des Grundbuchs besteht, auf Beurkundung, so muß sie der Notar darauf hinweisen, daß die Beurkundung nur auf ihre Gefahr geschehen könne. Es liegt im dringenden Interesse des Notars, diesen Hinweis zu protokollieren. Soweit der Notar selbst die Einsicht des Grundbuchs vornimmt, muß sich dieselbe auf alle für den Abschluß des Rechtsgeschäftes wesentlichen Punkten erstrecken. Besondere Beachtung verlangen ein im Grundbuch eingetragener Widerspruch und die Eintragungen in Abteilung II, z. B. wegen einer etwa für einen Dritten eingetragenen Auflassungs- oder anderen Vormerkung.

Der Notar muß die Beteiligten darüber belehren, daß bei der Zwangsversteigerung des Grundstücks eine Auflassungsvormerkung, die dem betreibenden Gläubiger vorgeht und deshalb bestehen bleibt, auch dem Ersteher gegenüber wirkt. Dieser muß, wenn der vorgemerkte Anspruch durchgeführt wird, das Grundstück ohne Entgelt dem Vormerkungsberechtigten herausgeben (vgl. § 48 ZwVerstGes.). Eine solche Vormerkung fordert daher auch bei der Gewährung eines Hypothekarkredits unbedingt Beachtung. Auch der Widerspruch zugunsten des Eigentums eines Dritten fällt unter § 48 ZwVerstGes., nicht aber das Vorkaufsrecht (vgl. §§ 1098 Abs. 1 und 512 BGB.). Bei der Veräußerung eines Grundstücks wird zur Feststellung der Belastungsverhältnisse in der Regel die Einsicht der Eintragungen in Abteilung III des Grundbuchs nicht genügen, denn die oft nur aus den Grundakten ersichtlichen Darlehnsbedingungen, namentlich der Grundkreditbanken, enthalten vielfach die Bestimmung, daß die Hypothek ganz oder teilweise fällig wird, wenn das Grundstück veräußert wird. Nach § 25 Abs. 1 Satz 2 des Aufwertungsgesetzes bleiben Vorschriften in Gesetzen, Satzungen oder Verträgen, die für besondere Fälle eine vorzeitige Fälligkeit der Schuld anordnen, unberührt. Solche Klauseln bezwecken, den Gläubiger gegen eine Gefährdung seiner Forderung durch Verschlechterung des Grundstücks zu schützen. Die Gefährdung muß nicht notwendig auf einem Verschulden des Eigentümers, z. B. Unterlassen der Versicherung gegen Feuersgefahr, beruhen, sondern kann auch durch äußere Umstände herbeigeführt werden. Es ist daher unbegründet, die vorzeitige Fälligkeit des Kapitals von Verstößen des Schuldners abhängig zu machen. Ebensowenig kann in den Fällen, wo die Klausel auf das Verhältnis zwischen Preis und Beleihungsgrenze abgestellt ist, wegen der außergewöhnlichen Wirtschaftslage an die Stelle des Verkaufs- oder Marktpreises der innere Wert des Grundstücks gesetzt werden, da jeder Maßstab für eine solche Berechnung fehlt. Wenn auch für die Auslegung der Klausel die §§ 133, 157 BGB. maßgebend sind, so ist für eine solche Auffassung schon deswegen nicht Raum, weil der Wille der Parteien bei dem Vertragsabschluß gerade eine wesentliche Veränderung der wirtschaftlichen Verhältnisse in das Auge gefaßt hat. Auch bei einer einschränkenden Auslegung des § 25 Abs. 1 Satz 2 wird man daher die Geltendmachung der Verfallklausel beim Verkauf des Grundstücks jedenfalls dann zulassen müssen, wenn der Marktpreis des Grundstücks so gesunken ist, daß die Sicherheit des Kredits im Vergleich zur Zeit seiner Gewährung gefährdet erscheint. Ein niedriger Kaufpreis kann dafür einen Anhalt geben.

Bei **Testamenten und Erbverträgen** ist die Fähigkeit zur Errichtung einer solchen Verfügung von Todes wegen festzustellen.

Minderjährige vor vollendetem 16. Lebensjahre sind testierunfähig. Auch ist das Testament ungültig, das ein Entwündigter vor Stellung des Antrages auf Wiederaufhebung der Entmündigung errichtet, mag auch die Aufhebung nachher tatsächlich erfolgen (vgl. § 2230 BGB.). Eine Reihe von Personen kann nicht durch Übergabe einer Schrift, sondern nur durch mündliche Erklärung testieren (vgl. § 2238 Abs. 2 BGB.). Bei den zur Errichtung einer Verfügung von Todes wegen zugezogenen Zeugen muß der Notar durch Befragen feststellen, ob etwa ein Ausschließungsgrund nach §§ 2234, 2235 BGB. vorliegt. Wird der letzte Wille nicht mündlich erklärt, sondern eine Schrift verschlossen übergeben, so muß der Notar, soweit er selbst eine Feststellung nicht treffen kann, den Erblasser über die Ausschließungsgründe belehren (vgl. Recht 1913 Nr. 681).

Auch bei Testamenten kann die materialrechtliche Gültigkeit von der Erfüllung gewisser Vorbedingungen abhängig sein. Haben Ehegatten in einem gemeinschaftlichen Testament korrespektive Verfügungen getroffen, so muß der Notar den Erblasser, der nach dem Tode des anderen Ehegatten ein neues Testament errichten will, darüber aufklären, daß die Wirksamkeit desselben von der Ausschlagung des ihm von seiner Frau durch die gemeinschaftliche letztwillige Verfügung Zugewendeten abhängt (vgl. § 2271 Abs. 2 BGB. und RGZ. 95, 214 ff.).

II. Der Inhalt der Beurkundung.

Der wichtigste Teil jedes Protokolls ist naturgemäß die Erklärung der Beteiligten (vgl. § 176, 3 RFGG.). Eine klare, unzweideutige Fassung des Protokolls ist geboten. § 69 Bayr. GeschO. f. Not. sagt ausdrücklich: „Er (der Notar) soll den Sachverhalt in der Urkunde so feststellen, daß für den, der sie liest, Irrtum oder Zweifel darüber ausgeschlossen ist.“ Daß sich der wirkliche, in dem Protokoll nur mangelhaft zum Ausdruck gebrachte Wille der Beteiligten schließlich ermitteln läßt, reicht nicht aus, um Schaden zu verhüten. Denn es ist möglich, daß diese Feststellung erst im Prozeßwege, etwa durch eine umfangreiche Beweisaufnahme, erfolgt und bis dahin ein Beteiligter zahlungsunfähig geworden ist (vgl. JW. 17, 358).

Die Aufgabe des Notars ist es, den Willen der Parteien zu ermitteln und die Urkunde so zu gestalten, daß sie ihn rechtsgültig und zweckentsprechend zum Ausdruck bringt. In den meisten Landesgesetzen ist diese Pflicht des Notars ausdrücklich ausgesprochen (vgl. Art. 27 Bayr. Notariatsgesetz; § 10 Bayr. GeschO. f. Not.; §§ 65, 66 Bad. RPolGes.; Art. 111 Württemb. AG. z. BGB.).

Verstößt der Inhalt eines Geschäftes gegen ein Strafgesetz oder ist das Geschäft offenbar ungültig, so hat der Notar die Beurkundung abzulehnen. Ungültig ist das Geschäft, wenn es als nichtig oder unwirksam anzusehen ist. Nichtig sind die Willenserklärungen geschäftsunfähiger Personen (vgl. § 105 BGB.), ferner nicht ernstlich gemeinte, Schein- und gegen die guten Sitten verstoßende Geschäfte (§§ 117, 118, 138 BGB.). Offenbare Ungültigkeit liegt vor, wenn jeder Zweifel darüber ausgeschlossen ist. Sonst muß der Notar den Beteiligten die Zweifel an der Gültigkeit mitteilen, den Inhalt der Mitteilung sowie die von den Beteiligten darauf abgegebenen Erklärungen in dem Protokolle feststellen. Bloße Zweifel berechtigen also den Notar nicht, die Beurkundung abzulehnen. Ist nur ein Teil des Geschäftes ungültig, so darf der Notar die Ablehnung nur aussprechen, wenn dadurch offenbar das ganze Geschäft ungültig ist (vgl. §§ 139, 2085 BGB.). Sonst muß er die Beurkundung, und zwar des ganzen Geschäftes, vornehmen und seiner Belehrungspflicht genügen (vgl. Art. 40 Pr. FGG.; Art. 16, 28 Bayr. Not.Ges.; § 49 Sächs. AG.; Art. 108 Württemb. AG.BGB.; § 49 Sächs. AG.; §§ 65, 66 Bad. RPolGes.; § 13 Thür. AusfVO.; Art. 76 Hess. AG.FGG.; § 24 Hamb. Not.Ges.).

Zum Zustandekommen eines Geschäftes ist erforderlich, daß sowohl die dafür begrifflich wesentlichen Punkte bestimmt als auch diejenigen Fragen geregelt werden, welche die Parteien zu Bestandteilen des Geschäftes machen wollen. Die Erklärung der Parteien umfaßt aber nicht alle Rechtsfolgen, die das Geschäft nach sich zieht. Das Recht knüpft an das Rechtsverhältnis zahlreiche, auch nicht gewollte Folgen teils unmittelbarer, teils mittelbarer Art (vgl. Enneccerus, Rechtsgeschäft, S. 145 ff.). Sie können zwingend sein, wie z. B. diejenigen, welche in §§ 16 und 24 des Gesetzes mit beschränkter Haftung geregelt sind. Danach hat die Veräußerung des Geschäftsanteils die schwerwiegende Folge, daß für die zur Zeit der Anmeldung des Erwerbers auf den Geschäftsanteil rückständigen Leistungen der Erwerber neben dem Veräußerer haftet. Durch § 24 wird den Gesellschaftern (also auch dem Erwerber eines Geschäftsanteils) eine Gesamthaftung dafür auferlegt, daß das im Gesellschaftsvertrage bestimmte Stammkapital vollständig zur Einzahlung gelangt. Die Rechtsordnung knüpft aber auch Folgen an das Geschäft, die einer abweichenden Regelung durch die Beteiligten Raum lassen. So kann z. B. beim Ausscheiden eines Gesellschafters aus der Gesellschaft die Bestimmung des § 738 BGB., wonach die verbleibenden Gesellschafter verpflichtet sind, den Ausscheidenden von den gemeinschaftlichen Schulden zu befreien oder Sicherheit zu leisten, in dem Auseinandersetzungsvertrage zum Schutze der verbleibenden Gesellschafter anders geregelt werden.

Es entsteht daher die Frage, wieweit die Erörterung dieser Rechtsfolgen mit den Beteiligten in den Pflichtenkreis des Notars fällt. Der Ansicht, daß der Notar die „Rechtswirkungen" (besser die „Rechtsfolgen", da „Rechtswirkung" die technische Bezeichnung für die Entstehung, Veränderung oder Aufhebung eines Rechtsverhältnisses ist) in der Verhandlung klarzulegen habe, kann in dieser Allgemeinheit nicht beigepflichtet werden. Denn dies würde für den Notariatsberuf zu einer unerträglichen Überspannung der Verantwortung führen. Auch widerspricht dieser Meinung die positive Regelung, welche die Frage in den Gesetzen der Länder gefunden hat. Danach besteht die Belehrungspflicht dann, wenn der Notar Anlaß hat, zu zweifeln, daß die Beteiligten die Bedeutung und die Folgen des beabsichtigten Geschäftes erkannt haben (vgl. Art. 40 Pr. FGG.; Art. 27 Bayr. Not.Ges.; § 9 Sächs. AusfVO.; Art. 111 Württemb. AG. BGB.; § 66 Bad. RPolGes.; § 34 Thür. AusfVO. und dazu JW. 15, 32; 22, 806). Ob diese Voraussetzungen vorliegen, wird immer von den Besonderheiten des einzelnen Falles abhängen. Die Schwierigkeit der Rechtsfragen, der wirtschaftliche Zweck des Geschäftes, die Geschäftsgewandtheit, der Bildungsgrad, das Alter der Beteiligten können dabei eine wesentliche Rolle spielen. Diese problematische Situation muß man im Auge behalten, wenn jetzt die praktische Anwendung der durch die vorstehenden Erörterungen gewonnenen Ergebnisse an typischen Fällen gezeigt werden soll.

Wenn auch die Benutzung von Formularbüchern für die Praxis unentbehrlich ist, so ist es doch immer gefährlich, sich an das Muster zu klammern, statt die für den besonderen Fall und Zweck geeignete Gestaltung zu suchen. Dies zeigt sich z. B. bei dem **Entwurf von Vollmachten.** Die Parteien sind sich über die Tragweite einer Generalvollmacht oft nicht klar, ganz abgesehen von den hohen Stempelkosten und Gebühren.*) Besonders für den Grundstücksverkehr

*) In Preußen beträgt der Vollmachtstempel jetzt höchstens 1000 Goldmark (Pr. GS. 26, 233). Wenn in notariellen Protokollen der in Tarifstelle 12 I (Generalversammlungen) Vollmachten verlautbart werden, so sind diese nach Tarifstelle 19 stempelpflichtig. Der Vollmachtstempel wird durch den erhöhten Notariatsurkundenstempel nicht abgegolten. Bei der Versteuerung von Hausverwaltungsvollmachten, in denen dem Bevollmächtigten die Verwaltung von Häusern für unbestimmte Zeit übertragen und auch die Ermächtigung erteilt wird, die Mieten in Empfang zu nehmen, ist als Wert des Gegenstandes gemäß § 6 Abs. 9 StempStG. das Zwölfeinhalbfache der zur Zeit der Ausstellung der Vollmacht tatsächlich zu zahlenden Jahresmieten zugrunde zu legen, sofern nicht nach dem Lebensalter des Bevollmächtigten gemäß Abs. 10 a. a. O. eine geringere Vervielfachung in Frage kommt. Der Stempel von ein Zehntel vom Hundert ermäßigt sich nach Abs. 2a der Tarifstelle 19 StempStG. auf ein Vierzigstel vom Hundert, wenn der Bevollmächtigte zu dem Vollmachtgeber in einem Dienstverhältnis steht und die Vollmacht mit Rücksicht auf dieses Dienstverhältnis erteilt wird. Im Sinne dieser Vorschrift muß es sich um ein unabhängig von der Vollmacht bestehendes, auf eine gewisse Dauer berechnetes und eine persönliche Unterordnung des Bevollmächtigten unter den Vollmachtgeber bedingendes Dienstverhältnis handeln. Laut Anweisung des Preußischen Finanzministers kann der Stempelsatz, wenn nicht schon die Ermäßigung der Tarifstelle 19 Abs. 2a anwendbar ist, auf ein Vierzigstel vom Hundert ermäßigt werden (vgl. Erlaß des Preußischen Finanzministers vom 3. August 1925 — II C 1435 —). Danach ist bei der Ausstellung von Hausverwaltungsvollmachten wegen des hohen Stempels Vorsicht geboten.

ist es wichtig, festzustellen, ob die Befugnis, Unterbevollmächtigte zu bestellen, erteilt werden soll. Auch in Generalvollmachten ist diese Befugnis nicht ohne ausdrückliche Ermächtigung enthalten. Der Prokurist kann nach § 52 Abs. 2 HGB. auch mit Einwilligung des Prinzipals die Prokura nicht übertragen. Die Vorstände von juristischen Personen, auch die Geschäftsführer einer Gesellschaft mit beschränkter Haftung können nur Spezialvollmachten und auch diese nicht unwiderruflich erteilen. Das Kammergericht nimmt allerdings an, daß der Geschäftsführer einer Gesellschaft mit beschränkter Haftung im Namen der Gesellschaft eine widerrufliche Generalvollmacht für diese erteilen kann (vgl. DNotV. 25, 242 und im einzelnen Szkolny-Kober S. 19 ff.). Ernennt ein Vollmachtgeber in einer Generalvollmacht mehrere Bevollmächtigte, so ist durch Befragen festzustellen und zum Ausdruck zu bringen, ob dieselben einzeln oder nur gemeinschaftlich zur Vertretung befugt sein sollen. Auch ist § 181 BGB. zu beachten. Wird eine Vollmacht zur Veräußerung eines Grundstücks erteilt, so ist es ratsam, um den Verkäufer vor Benachteiligung und Übervorteilung zu schützen, die Verkaufsbedingungen genau zu formulieren (Kaufpreis, Verpflichtung des Käufers zur Übernahme der Hypotheken und sonstigen Lasten, zur Zahlung der Steuern und Kosten usw.). Vollmacht und Stellvertretung verlangen im Grundstücksverkehr mit Rücksicht auf die sich aus § 5 Abs. 4 des Grunderwerbsteuergesetzes ergebende Gefahr, die Grunderwerbsteuer doppelt bezahlen zu müssen, eine besonders sorgfältige Erforschung des Parteiwillens (vgl. unten S. 24).

Bei der **Veräußerung von Grundstücken** ist mit den Beteiligten die Gewährleistungspflicht zu erörtern. Das gleiche gilt von der Übernahme von Hypotheken, Grundschulden oder Rentenschulden. Denn mangels einer anderen Vereinbarung hat der Verkäufer nach § 439 Abs. 2 BGB. eine solche Belastung (auch Vormerkungen zur Sicherung des Anspruchs auf Bestellung solcher Rechte) selbst dann zu beseitigen, wenn der Käufer sie kennt. Im Falle der Übernahme hat der Notar nicht die Pflicht, auf § 416 BGB. hinzuweisen (vgl. die Ausführungen S. 32). Unter § 439 Abs. 2 BGB. fällt nicht, wie Lion, Die Industriebelastungsgesetze, Anm. 13 zu § 43 des IndBelGes., annimmt, die dingliche öffentliche Last des Industriebelastungsgesetzes, denn diese ist keine Hypothek im Sinne des BGB., sondern eine steuerähnliche Verbindlichkeit, auf die nur kraft besonderer Vorschrift (§ 41 IndBelGes.) einige Bestimmungen über die Hypothek entsprechende Anwendung finden. Sie gehört zu den öffentlichen Lasten des § 436 BGB. (vgl. Keichel DNotV. 26, 587).

Zwischen Lasten und Belastungen ist zu unterscheiden: Unter Lasten sind nur Leistungen zu verstehen, die aus dem Grundstück zu entrichten sind und den Nutzungswert desselben vermindern. Belastungen zugunsten Dritter, die nur das Eigentums- und Verfügungsrecht einschränken, nicht aber den Eigentümer als solchen zu Leistungen aus dem Grundstück verpflichten, wie Nießbrauch, Grunddienstbarkeiten, dingliches Vorkaufsrecht, werden nach dem BGB. von dem Ausdruck „Lasten" nicht mitumfaßt (RGZ. 66, 318). Wird also ein Grundstück „mit allen darauf ruhenden Rechten und Belastungen" verkauft, so werden unter Belastungen auch Grunddienstbarkeiten verstanden (JW. 15, 241).

Erwerben mehrere Personen ein Grundstück, so empfiehlt es sich, mit Rücksicht auf die §§ 747, 748 BGB. klarzustellen, ob und wie lange das Recht, Aufhebung der Gemeinschaft zu verlangen, unter den Erwerbern ausgeschlossen und ob dem Miterwerber ein Vorkaufsrecht auf den Anteil des anderen eingeräumt werden soll. Kann ein Grundstück nicht sofort an den Käufer aufgelassen werden, so ist die Eintragung einer Vormerkung zur Sicherung des Anspruchs auf Eigentumsübertragung mit den Beteiligten zu erörtern. Die Beteiligten sind auch darauf hinzuweisen, daß nicht durch die Auflassung, sondern erst durch die Eintragung des Eigentumswechsels im Grundbuche der Übergang des Eigentums auf den Erwerber eintritt. Da die Notare nach dem Grunderwerbsteuergesetz und dem Zuwachssteuergesetz den Steuerbehörden auch mitteilen müssen, zu welchem Zeitpunkt und zu welchem Preis der jetzige Veräußerer das Grundstück erworben hat, so genügt die Übersendung einer Abschrift der Veräußerungsurkunde an Stelle der amtlichen Vordrucke nur dann, wenn aus ihr diese Angaben hervorgehen (vgl. JMBl. 1926, 187).

Die bereits erwähnte Gefahr, daß die **Grunderwerbsteuer** mehrmals erhoben wird, ist bei Kaufangeboten über ein Grundstück besonders groß und verlangt eine sorgfältige Abfassung der Urkunde (vgl. § 5 Abs. 4 GrErwStGes.). Es ist nämlich eine Frage der Auslegung, ob der Antragsempfänger lediglich als Stellvertreter eines Dritten aufgetreten ist oder ob er ein eigenes Recht zur Annahme des Antrags erworben hat. Der Wille, in fremdem Namen zu handeln, muß klar hervortreten (§ 164 Abs. 2 BGB.; RFH. 11, 155). Grundstückskäufe, die jemand abschließt, „handelnd im mündlichen Auftrag eines Dritten, den er später benennen wird", sind im Zweifel dahin zu verstehen, daß er selbst zum Erwerb berechtigt sein soll, mit der Befugnis, an seiner Stelle einen anderen als Käufer zu bezeichnen. Schließt dagegen jemand „im Namen eines noch zu benennenden Dritten" den Kaufvertrag ab, so entstehen die Rechte und Pflichten aus dem Vertrage unmittelbar in der Person des Dritten. Eine Steuerpflicht aus § 5 Abs. 4 Nr. 3 kommt dann nicht in Frage.

Nach § 1 Nr. 3 der **Wertzuwachssteuerordnung** der Stadt Berlin steht dem Übergange des Eigentums an Grundstücken der Übergang von Rechten an dem Vermögen von Personenvereinigungen (einer Gesellschaft mit beschränkter Haftung, einer Kommanditgesellschaft, Aktiengesellschaft, Kommanditgesellschaft auf Aktien, Gewerkschaft, eingetragenen Genossenschaft, eines eingetragenen Vereins oder einer offenen Handelsgesellschaft usw.) soweit gleich, als das Vermögen der Vereinigung aus in Berlin belegenen Grundstücken besteht. Voraussetzung ist jedoch entweder, daß die Verwertung von Grundstücken zum Gegenstand des Unternehmens gehört, oder daß die Vereinigung geschaffen ist, um die Zuwachssteuer zu sparen. Die Steuerpflicht beschränkt sich jedoch auf denjenigen Wert der Beteiligung, der dem aus Grundstücken bestehenden Teile des Vermögens der Vereinigung entspricht (Entsch. d. OVG. v. 19. Febr. 1926 — III C 47/25 —). Wenn daher Anteile einer Gesellschaft mit beschränkter Haftung, die Grundstücke besitzt, veräußert werden, wird eine

Berechnung in das Protokoll aufzunehmen sein, wieviel von dem Kaufpreis auf den Grundstücksanteil entfällt.

Oft unterbreiten die Beteiligten dem Notar ein ungeklärtes Material, indem sie ihre Absichten nur in allgemeinen Umrissen mitteilen. Sie überlassen ihm und erwarten von ihm, daß er ihnen die geeignete Form vorschlage. Aber auch wenn sie dem Notar einen bestimmten Weg, z. B. bei der **Ablösung einer Hypothek** durch Aufnahme eines neuen Kredits Löschung der Hypothek und Bestellung einer neuen vorschlagen, muß der Notar, falls andere Hypotheken der zu löschenden im Range folgen, statt dessen Abtretung der Hypothek und Änderung ihrer Bedingungen empfehlen. Bei Bestellung einer Briefhypothek ist dafür zu sorgen, daß die Übergabe des Hypothekenbriefes (§ 1117 Abs. 1 BGB.) erfolgt oder die diese ersetzende Vereinbarung (§ 1117 Abs. 2 BGB.) getroffen wird. Bis dahin steht die Hypothek dem Eigentümer als Eigentümergrundschuld zu (vgl. §§ 1163, 1177 BGB.). Solange kann sowohl eine Verfügung des Eigentümers über die Hypothek als auch eine Pfändung durch seine Gläubiger erfolgen (RGZ. 63, 14). Auch bei der Abtretung einer Briefhypothek gelten nach § 1154 BGB. für die Übergabe des Briefes oder dessen Ersatz die Vorschriften des § 1117 BGB. Es genügt daher nicht, daß der Abtretende den Hypothekenbrief dem beurkundenden Notar als Treuhänder zur Verwahrung übergibt (RG. in „Recht" 1911 Nr. 1565, 1566).

Die **Annahme an Kindes Statt** hat so einschneidende erbrechtliche Wirkungen, daß es erforderlich ist, die Beteiligten darüber zu belehren. Während für die Adoptiveltern durch die Annahme an Kindes Statt ein Erbrecht nicht begründet wird (§ 1759 BGB.), erlangt das Kind die rechtliche Stellung eines ehelichen Kindes des Annehmenden, also volles Erb- und Pflichtteilrecht (§ 1757 BGB.). Erfolgt also die Annahme an Kindes Statt durch ein Elternpaar und stirbt zuerst der eine Elternteil ohne Hinterlassung einer letztwilligen Verfügung, so erbt das Kind drei Viertel, der überlebende Elternteil ein Viertel des Nachlasses (§ 1931 BGB.). Stirbt das Kind vor dem überlebenden Elternteil, so gehen die im Erbgange nach dem erstverstorbenen Elternteil erworbenen drei Viertel auf die Verwandten des Kindes über, nicht auf den überlebenden Elternteil. Um diese gesetzlichen Folgen auszuschließen, bietet § 1767 BGB. eine Hilfe, denn danach kann in dem Annahmevertrage das Erbrecht des Kindes ausgeschlossen werden. Wird davon Gebrauch gemacht, so sind die Adoptiveltern, besonders wenn sie vermögend sind, zu veranlassen, gleichzeitig mit dem Adoptionsvertrag ein Testament oder einen Erbvertrag zu errichten. Dies ist auch erforderlich, um zu verhüten, daß das Gericht die Genehmigung des Adoptionsvertrages verweigert (§ 1741 BGB.).*) Es kann jede der Sachlage entsprechende Regelung der Erbverhältnisse erfolgen, z. B. durch die Anordnung, daß andere Verwandte des Kindes als dessen Nachkommen und der Ehegatte von der Erbfolge nach den Adoptiveltern ausgeschlossen und der andere Elternteil oder die Verwandten der Adoptiveltern dem Adoptivkinde substituiert werden. Da das Kind bei Anwendung des § 1767 BGB. auch kein Pflichtteilsrecht hat, so braucht auf die Bestimmungen des § 2306 BGB. keine Rücksicht genommen zu werden. Auf Grund des § 1767 BGB. kann das Erbrecht des Kindes auch nur nach einem Elternteil, z. B. dem erstversterbenden, ausgeschlossen werden. Machen die Adoptiveltern von dem Rechte des § 1767 BGB. keinen Gebrauch, so ist es erst recht erforderlich, daß sie ein Testament errichten, um die obenerwähnten Folgen abzuwenden. Wollen sie das Kind auf den Pflichtteil setzen, so müssen sie jetzt § 2306 BGB. beachten. Wird das Kind als Erbe, der überlebende Elternteil als Nacherbe eingesetzt, und ist der Erbteil größer als der Pflichtteil, so wird das Kind nach § 2306 BGB. vor die Wahl gestellt, ob es die Erbschaft ausschlagen und den Pflichtteil verlangen oder ob es den Erbteil mit der Beschränkung annehmen will. In den Formularbüchern sind diese Fragen gar nicht oder unzureichend berücksichtigt.

Auf dem Gebiete des Handelsrechts ist die **Veräußerung eines Geschäftes** mit der Firma, sowohl in rechtlicher wie in wirtschaftlicher Beziehung, mit besonderen Gefahren für den Erwerber verknüpft. Der Notar hat die Pflicht, mit den Parteien vor allem die Haftung

*) Nach § 16 Abs. 3 Preuß. Stemp.St.Ges. wird der Stempel aus Tarifstelle 2 erst fällig, wenn die Genehmigung erteilt ist. Der Stempel wird zu den Gerichtskosten berechnet; der von dem Notar verwendete Protokollstempel ist darauf anzurechnen.

für die Verbindlichkeiten sorgfältig zu erörtern (vgl. JW. 14, 194). Wird die Übernahme der Passiva ausgeschlossen, so sind die Parteien darüber zu belehren, daß diese Vereinbarung Dritten gegenüber nur wirksam ist, wenn die in § 25 HGB. vorgesehene Eintragung in das Handelsregister und Bekanntmachung der Mitteilung gleichzeitig mit der Fortführung der Firma geschieht. Die Parteien müssen also darüber aufgeklärt werden, daß bis zu diesem Zeitpunkt die Fortführung des Geschäftes mit Firma unterbleiben muß, weil sonst die Haftung eintrete und durch die nachträgliche Vornahme jener Rechtsakte nicht beseitigt werden könne (vgl. JW. 16, 1273 gegen JW. 15, 1007). Die Eintragung oder Mitteilung muß so deutlich sein, daß der Dritte erkennen kann, seine Forderung sei nicht mit übergangen. Die Eintragung in das Handelsregister kann nur auf Antrag beider Teile erfolgen. Der Antrag muß klar zum Ausdruck bringen, daß die Übernahme der Passiva ausgeschlossen worden ist. Die Beifügung einer Ausfertigung des Gesellschaftsvertrages ersetzt dies nicht (vgl. JW. 15, 509; 16, 1272).

Es ist vor dem Notar darauf hinzuweisen, daß nach § 96 RAO. der Erwerber der Steuerbehörde gegenüber für die laufenden und die festgesetzten rückständigen Steuern haftet, wenn die Steuerpflicht auf dem Betriebe ruht (vgl. auch § 100 RAO.), z. B. die Umsatzsteuer, denn der Umstand, daß der Übergang der Schulden ausgeschlossen wird, schließt die Anwendung des § 96 RAO. nicht aus (RFH. 7, 321). Das gleiche gilt von § 49 IndBelGes. Wenn nämlich das Betriebsvermögen eines belasteten Unternehmens im ganzen oder zu einem Bruchteil*) auf einen anderen übergeht, oder wenn die zum Betriebsvermögen gehörenden Gegenstände zum Zwecke der Veräußerung des Unternehmers übertragen werden, so haftet der Erwerber für die Verpflichtungen aus Rückständen, aus laufenden Jahresleistungen und für diejenigen Beträge, welche bis zum Ende des Kalenderjahres, in welchem die Neuumlegung (vgl. § 6 IndBelGes.). voraussichtlich erfolgt, fällig werden, an Stelle des Veräußerers. Tritt der Übergang des Betriebsvermögens oder der zu ihm gehörenden

*) Vgl. hierüber den Erlaß des Reichsministers der Finanzen vom 1. Juli 1926 in DNotV. 26, 411, ferner unter S. 43 und Reichel in DNotV. 26, 593.

Gegenstände (§ 49) bei einem Unternehmen ein, dessen Einzelobligationen veräußerlich sind, so haftet der Erwerber des Betriebsvermögens auch für die später fällig werdenden Jahresleistungen (§ 50 IndBelGes.).

Die Prokura gilt nur für den Inhaber des Handelsgewerbes, der sie erteilt hat. Der Erwerber des Geschäftes muß sie durch ausdrückliche Erklärung neu erteilen (§ 48 HGB.; OLG. 11, 378). Wird die Prokura nicht erneuert, so kann der Erwerber, wenn das Erlöschen der Prokura nicht in das Handelsregister eingetragen ist, nach § 15 HGB. einem gutgläubigen Dritten ihr Nichtbestehen nicht entgegenhalten.

Ob der Notar die Parteien über die **Höhe der Kosten, Stempel und Steuern** aufzuklären hat, ist streitig. Entscheidungen, die diese Frage unbedingt verneinen (OLG. Dresden in DNotV. 15, 618), stehen andere gegenüber, die sie ebenso unbedingt bejahen (OLG. München in DNotV. 15, 222). Da es an einer gesetzlichen Bestimmung fehlt, so wird nach den Ausführungen S. 21 eine Belehrungspflicht nur dann anzunehmen sein, wenn ein besonderer Anlaß zur Aufklärung gegeben ist, insbesondere also dann, wenn die Beteiligten über die Höhe der Steuern oder Kosten offenbar eine falsche Vorstellung haben, oder wenn diese Beträge derartig hoch sind, daß sie in keinem Verhältnis zu dem mit der Beurkundung angestrebten Zwecke stehen. Die Persönlichkeit der Parteien wird ebenfalls zu berücksichtigen sein (vgl. JW. 15, 513 und DNotV. 17, 192).

III. Maßnahmen nach der Beurkundung.

Das Schicksal eines Rechtsgeschäftes ist in der notariellen Verhandlung nicht beschlossen. Die sich daran knüpfenden Rechtsvorgänge greifen über ihr Zentrum, den formellen Rechtsakt, hinaus, aber sie hängen andererseits von ihm ab, bleiben mit ihm verbunden. Von diesem Zusammenhang hängt die Entscheidung der Frage ab, wie weit sich die Verantwortung des Notars über die — ich möchte sagen — Peripherie des Beurkundungsaktes hinaus erstreckt. Die Fälle ordnen sich in drei Hauptgruppen ein:

a) Ist die Rechtswirksamkeit der an sich gültig vorgenommenen Beurkundung durch weitere Maßregeln bedingt, so hat der Notar die Beteiligten darüber zu belehren. Denn die Beteiligten wollen eine Beurkundung, die geeignet ist, die erstrebte Rechtswirkung zu erzielen. Reicht die abgegebene Willenserklärung hierzu nicht aus, so muß der Notar die Partei darüber aufklären, welche weiteren Erfordernisse zu erfüllen sind, um im Zusammenhang mit der Willenserklärung die Rechtswirkung herbeizuführen. Oberneck (S. 27) kommt zu demselben Ergebnis, begründet jedoch seine Ansicht damit, daß der Notar der Urkunde den Inhalt zu geben habe, der dem Zweck der Urkunde entspreche. Die Rechtsgültigkeit eines Rechtsgeschäftes ist aber nicht sein Zweck, sondern die Voraussetzung, um seinen Zweck zu erfüllen. Für die Praxis ergibt sich aus diesen Grundsätzen folgendes: Wenn jemand seinen Geschäftsanteil einer Gesellschaft mit beschränkter Haftung veräußern will, so muß ihn der Notar darüber belehren, daß durch die notariell beurkundete Abtretung der Geschäftsanteil auf den Erwerber nicht übergeht, da es nach § 15 Abs. 3 des Gesetzes über die Gesellschaften mit beschränkter Haftung eines in gerichtlicher oder notarieller Form geschlossenen Vertrages bedarf (a. M. Hachenburg, Anm. 26 zu § 15, vgl. auch RG. in Leipz. Ztschr. 1911 S. 468). Ferner ist z. B. nach § 1280 BGB. die Verpfändung einer Forderung, zu deren Übertragung der Abtretungsvertrag genügt, nur wirksam, wenn der Gläubiger sie dem Schuldner anzeigt. Hierauf muß daher der Notar, der eine solche Verpfändung beurkundet, aufmerksam machen. Beurkundet der Notar die Annahme eines befristeten Vertragsangebots, so ist darauf hinzuweisen, daß der Antragsteller innerhalb der Frist von der Annahme Kenntnis erhalten muß (vgl. RGZ. 43, 75; 56, 262; 96, 273).

b) Zu den wichtigsten Maßnahmen, die sich an die Beurkundung anschließen, gehört die **Einreichung der Urkundsakte bei dem Gericht** oder einer anderen Behörde. Das Reichsgericht hat in einer in der Zeitschrift „Das Recht" 1913 Nr. 3551, allerdings nur in einem kurzen Auszug, abgedruckten Entscheidung angesprochen, daß der Notar regelmäßig auch ohne ausdrücklichen Auftrag verbunden sei, die aufgenommene Urkunde unverzüglich dem Grundbuchamte einzureichen (vgl. dagegen JW. 15, 1007; OLG. 25, 371). Aus § 15 GBO. und § 129 RFGG.

läßt sich dies nicht folgern, denn diese Bestimmungen enthalten nur eine Ermächtigung, die erforderlichen Anträge zu stellen. Wenn aber durch die Eintragung im Zusammenhang mit der Willenserklärung erst die gewollte Wirkung herbeigeführt wird, kann es aus den zu a angeführten Gründen keinem Zweifel unterliegen, daß der Notar die Beteiligten über die Notwendigkeit der Einreichung zu belehren hat. So ist z. B. nach § 873 BGB. zur Übertragung des Eigentums an einem Grundstück, zur Belastung eines Grundstücks mit einem Rechte sowie zur Übertragung oder Belastung eines solchen Rechtes in der Regel außer der Einigung des Berechtigten und des anderen Teiles über den Eintritt der Rechtsänderung die Eintragung der Rechtsänderung in das Grundbuch erforderlich. Eine Aktiengesellschaft und Kommanditgesellschaft auf Aktien besteht als solche nicht vor der Eintragung in das Handelsregister (§ 200 HGB.). Das gleiche gilt von einer Gesellschaft mit beschränkter Haftung (§ 11 des Gesetzes). Wird zwischen dem Veräußerer und dem Erwerber eines Handelsgeschäftes vereinbart, daß die Verbindlichkeiten nicht auf diesen übergehen sollen, so ist diese Abrede den Geschäftsgläubigern gegenüber nur wirksam, wenn sie in das Handelsregister eingetragen und bekanntgemacht oder jenen von dem Erwerber oder Veräußerer mitgeteilt wird (vgl. § 25 Abs. 2 HGB. und oben S. 27). Wenn durch Ehevertrag die Verwaltung und Nutznießung des Mannes ausgeschlossen oder geändert wird, so können nach § 1435 BGB. einem Dritten gegenüber aus der Ausschließung oder der Änderung Einwendungen nur hergeleitet werden, wenn die Ausschließung oder Änderung in dem Güterrechtsregister eingetragen oder dem Dritten bekannt war. In allen diesen Fällen muß der Notar die Beteiligten über die Notwendigkeit der Einreichung der Urkunde belehren und klarstellen, ob dieselbe durch ihn erfolgen soll oder nicht. Will er die Einreichung davon abhängig machen, daß seine Gebühren, Auslagen und die von ihm zu entrichtenden Stempelabgaben vorher bezahlt werden, so muß er dies den Beteiligten gegenüber unzweideutig zum Ausdruck bringen (vgl. auch unten S. 45). In Bayern ruht die Verpflichtung zur Einreichung, solange nicht die Staatsgebühren und die Gebühren und Auslagen des Notars entrichtet sind (vgl. Recht 1916 Nr. 1118). In allen Fällen, wo der Notar die Urkunde nicht einreicht, gebietet die Vorsicht, den Grund aktenkundig zu machen.

Ist dem Notar durch § 129 FGG. und durch § 15 GBO. eine amtliche Berechtigung zur Antragstellung zugesprochen, so nimmt er, wenn er davon Gebrauch macht, eine Amtshandlung vor und hat die Amtspflicht zu ihrer sorgfältigen, insbesondere auch rechtzeitigen Ausführung. Dabei begründet es keinen Unterschied, ob er lediglich auf Grund der gesetzlichen Ermächtigung tätig wird oder von den Beteiligten um die Antragstellung ersucht ist (vgl. RGZ. 93, 68; 95, 217).

c) An die Beurkundung schließen sich oft Zahlungen, z. B. eine Anzahlung auf den Kaufpreis, Auszahlung der Valuta für die Bestellung oder Abtretung einer Hypothek. Hier muß der Notar schon während der Verhandlung mit den Parteien die Frage erörtern, ob nach dem Inhalt der Urkunde eine derartige Zahlung sofort erfolgen kann, ob der Betrag bei dem Notar oder an anderer Stelle hinterlegt, ob eine Sicherheit für die Rückzahlung, z. B. durch Eintragung einer Sicherungshypothek, geleistet oder die Zahlung überhaupt erst nach der Erfüllung gewisser Voraussetzungen, z. B. der Erteilung der erforderlichen Genehmigung, erfolgen soll (vgl. JW. 22, 805). Die Auszahlung der Valuta vor Sicherung des für eine Hypothek vereinbarten Ranges, die Zahlung des Kaufpreises vor der Löschung nicht übernommener Hypotheken oder vor Sicherung des Eigentumsüberganges ist zu verhüten (vgl. JW. 13, 490; 15, 31). Zur Erleichterung des Kreditverkehrs empfiehlt es sich, daß der Schuldner seinen Antrag auf Eintragung der Hypothek unwiderruflich stellt und der zu hinterlegende Betrag ausgezahlt wird, sobald die Eintragung vom Grundbuchrichter verfügt worden ist. Die Unwiderruflichkeit genügt nicht, weil Beanstandungen erfolgen können, die Verfügung der Eintragung nicht, weil der Schuldner seinen Antrag bis zur Eintragung zurücknehmen kann. Die Verfügung der Eintragung läßt sich allerdings als Erfordernis nicht immer aufstellen, weil infolge der Überlastung der Grundbuchämter die Auszahlung der Valuta zu lange hinausgeschoben würde. Die Fürsorge in allen derartigen Fällen ergibt sich aus der Pflicht des Notars, den Beteiligten das Rechtsverhältnis klarzumachen, damit sie eine sachgemäße Entschließung treffen können (vgl. RGZ. 95, 214). Dies gilt auch dann, wenn sich nach der Urkundenerrichtung im unmittelbaren örtlichen und zeitlichen Zusammenhang mit ihr herausstellt, daß ein Beteiligter die Tragweite eines Rechtsgeschäftes mißverstanden oder übersehen hat (vgl. JW. 15, 32 und 1193). Hat allerdings der Notar bereits die Verhandlung pflichtgemäß geleitet, so werden solche Vorkommnisse zu den Seltenheiten gehören.

Abgesehen von den unter a bis c behandelten Fällen muß daran festgehalten werden, daß mit der Beurkundung die Amtstätigkeit und Amtspflicht des Notars beendigt ist. Soweit also sonst auf Grund der Beurkundung im Interesse der einen oder anderen Partei noch Handlungen vorzunehmen oder zu unterlassen sind, besteht keine Belehrungspflicht des Notars, geschweige denn eine Pflicht, derartige Maßnahmen selbst vorzunehmen (vgl. JW. 24, 814). Insoweit hat noch immer Geltung, was das Reichsgericht in der in JW. 15, 1007 abgedruckten Entscheidung ausführt: „Eine solche Erstreckung [über die Beurkundung hinaus] würde jeder festen Grenze und jeder sicher zu handhabenden Beschränkung entbehren und darum zur Ungewißheit über den Umfang des Notariatsamtes und zur Gefährdung des Notariatsberufes führen.“ Daher kann dem Notar, der die Errichtung einer Kommanditgesellschaft beurkundet, nicht zur Pflicht gemacht werden, auf § 176 Abs. 1 HGB. hinzuweisen, wonach, wenn eine Kommanditgesellschaft ihre Geschäfte vor der Eintragung in das Handelsregister begonnen hat, jeder Kommanditist, der dem Geschäftsbeginn zugestimmt hat, für die bis dahin begründeten Verbindlichkeiten der Gesellschaft gleich einem persönlich haftenden Gesellschafter haftet, es sei denn, daß der Gläubiger seine Beteiligung als Kommanditist kannte (vgl. auch § 176 Abs. 2 HGB. über den Eintritt eines Kommanditisten in eine bestehende Handelsgesellschaft in Verbindung mit § 173 HGB.). Es liegt nahe, auf den obenerwähnten Fall des § 25 Abs. 2 HGB. zu verweisen. Der Unterschied liegt jedoch darin, daß dort die Vereinbarung über die Ausschließung der Haftung für die Verbindlichkeiten den Gegenstand der Beurkundung bildet und der angestrebte Erfolg von der Eintragung oder Mitteilung abhängt.

IV. Entwurf und Beglaubigung.

Die vorstehenden Ausführungen sind immer von der Beurkundungstätigkeit im strengen Sinne ausgegangen. Das Reichsgericht beschränkt jedoch den amtlichen Wirkungskreis des Notars hierauf nicht. Ursprünglich hat es allerdings angenommen, daß der Notar für den Inhalt der Urkunde, der er die Beglaubigung der Unterschrift hinzufügt, auch dann nicht verantwortlich sei, wenn er die Urkunde selbst entworfen hat (vgl. RGZ. 49, 269; 85, 227; JW. 16, 1272). Jetzt erstreckt es die **Amtstätigkeit** des Notars sogar auf die von ihm entworfenen Urkunden, selbst wenn es gar nicht zur Beglaubigung kommt (vgl. RGZ. 87, 234; 93, 68; JW. 17, 358; 19, 995).

Hat der Notar die **Urkunde entworfen und unterschriftlich beglaubigt,** so bestehen gegen die Ansicht des Reichsgerichts keine begründeten Bedenken. Handelt es sich um die Beglaubigung einer vom Notar nicht entworfenen Urkunde, so enthält § 183 RFGG. keine Bestimmung darüber, ob der Notar von dem Inhalt Kenntnis zu nehmen hat. Die Landesgesetze haben die Frage verschieden geregelt. Nach § 60 Pr. FGG. ist der Notar ohne Zustimmung der Beteiligten nicht befugt, von dem Inhalte der Urkunde Kenntnis zu nehmen (ebenso Art. 86 Hess. AG. z. FGG.; Art. 47 Brem. AG. z. FGG.). RGZ. 87, 234 (vgl. auch RGZ. 49, 276) stellt den Grundsatz auf, daß, wenn der Notar mit Zustimmung der Beteiligten von dem Inhalt der Urkunde Kenntnis nimmt und so die offenbare Strafbarkeit oder Ungültigkeit feststellt, die Beglaubigung abzulehnen ist. Dies ist zweifellos zutreffend, da es der Pflicht eines öffentlichen Organs widerspricht, eine offensichtlich unwirksame Erklärung mit öffentlichem Glauben zu versehen (vgl. Schlegelberger, Erl. zu Art. 60 Pr. FGG.). Man wird es auch als die Verletzung einer Amtspflicht ansehen müssen, wenn der Notar unter der angegebenen Voraussetzung aus Fahrlässigkeit diesen Charakter der Urkunde nicht erkannte. Darüber hinaus kann aber dem Notar eine amtliche Sorgfaltpflicht nicht aufgebürdet werden, da sich mangels einer positiven Vorschrift aus allgemeinen Grundsätzen eine solche nicht begründen läßt. Der Notar braucht daher die Beteiligten auf andere Bedenken gegen die

Gültigkeit der Urkunde nicht hinzuweisen. Wenn die Beteiligten von dem Notar eine Prüfung des Inhalts der Urkunde verlangen, so kann, abgesehen von dem eben erwähnten Falle, nur die Verletzung einer Vertragspflicht in Frage kommen. Eine andere Beurteilung greift natürlich dann Platz, wenn der Notar, wie z. B. in Bayern, vor der Beglaubigung der Unterschrift von dem Inhalt des Schriftstücks Kenntnis nehmen und die Beglaubigung ablehnen soll, falls die Beteiligten ihm dies nicht gestatten (vgl. Art. 16, 30 Bayr. NotGes., §§ 235, 236 Bayr. GeschO. f. Not.). Nach diesen Bestimmungen hat der Notar, wenn das Schriftstück ein Geschäft enthält, das gegen ein Strafgesetz verstößt oder nur zum Schein oder zum Scherz vorgenommen werden soll oder aus einem anderen Grunde offenbar nichtig ist, die Beglaubigung zu verweigern. Zweifelt der Notar an der Gültigkeit des Geschäftes, so soll er dies den Beteiligten mitteilen und, wenn der Zweifel nicht beseitigt werden kann, sowohl die Mitteilung wie die Erklärung der Beteiligten im Anschluß an den Beglaubigungsvermerk vor seiner Unterschrift feststellen. Das gleiche gilt bei Zweifeln an der Geschäftsfähigkeit des Beteiligten.

Dagegen wird die Auffassung des Reichsgerichts, daß der Notar nach Amtsrecht auch dann hafte, wenn er den **Entwurf der Urkunde** angefertigt hat, ohne daß es zur Beglaubigung gekommen ist, allgemein bekämpft (vgl. Oberneck S. 116 Anm. und JW. 17, 358). Diese Entscheidung verwischt die Grenzen der notariellen Amtstätigkeit, deren Innehaltung das Reichsgericht sonst (vgl. oben S. 32) so entschieden betont, und führt zu unhaltbaren Konsequenzen, da nicht abzusehen ist, wo dann überhaupt die Amtstätigkeit aufhört. Das Reichsgericht beruft sich darauf, daß der Entwurf vom Notar als solchem verlangt und in dieser Eigenschaft gefertigt wurde, und nach der Ansicht des OLG. Danzig (DNotV. 26, 375) besteht eine allgemeine Vermutung dafür, daß, wenn ein Rechtsanwalt, der zugleich Notar sei, mit der Anfertigung des Entwurfs einer Urkunde betraut werde, ihm dies Geschäft in seiner Eigenschaft als Notar übertragen werde. Aber ganz abgesehen davon, daß die Partei sich häufig gar nicht mit der Frage beschäftigt, ob sie den Notar als solchen oder als rechtskundige

Person in Anspruch nimmt, können doch nur objektive Merkmale darüber entscheiden, ob ein eigentliches Notariatsgeschäft in Frage kommt. Der Entwurf einer Urkunde gehört aber nicht in den Kreis der Obliegenheiten, die der Notar als Staatsorgan zu erfüllen hat. Ein solches Schriftstück kann auch von irgendeinem anderen hergestellt werden. Die aus der entgegengesetzten Ansicht sich ergebende Folge, daß der Notar für Versehen auch Dritten gegenüber haftet, ergibt meines Erachtens ebenfalls ihre Unhaltbarkeit. Denn diese Haftung beruht darauf, daß auch an der Beurkundung nicht beteiligte Personen auf deren Ordnungsmäßigkeit vertrauen dürfen. Das Vertrauen kann sich aber nicht auf Rechtsakte erstrecken, die außerhalb der öffentlichen Beurkundung liegen und gar nicht erkennen lassen, ob sie von dem Notar oder einem beliebigen Dritten herrühren. Wenn das Reichsgericht diesem Gesichtspunkt in der obenerwähnten Entscheidung Bd. 87 S. 234 keine Bedeutung beimißt, so darf nicht übersehen werden, daß dort der Zusammenhang mit der amtlichen Tätigkeit durch die Beglaubigung der Unterschrift hergestellt wird.

Diese Erwägungen werden dadurch nicht berührt, daß in Baden kraft positiver Vorschrift (vgl. Art. 1 und 12 VO. vom 17. Juli 1902) der Entwurf von Urkunden zum Amtsgeschäft gestempelt wird.

Allerdings erschöpft sich die Tätigkeit des Notars nicht in der Erfüllung seiner Amtspflichten. Zwar gibt es keine „halbamtlichen" Pflichten des Notars, und den Ausdruck „Berufspflichten" in einem Gegensatz zu „Amtspflichten" zu gebrauchen, hat das Reichsgericht aufgegeben (JW. 15, 1193), wohl aber gibt es **Pflichten aus Verträgen, die der Notar als Rechtskundiger eingeht,** nämlich aus einem Dienstvertrag (§ 675 BGB.) oder Auftrag. Aus diesem Gesichtspunkt kann sich daher eine Verantwortung des Notars in Fällen ergeben, wo nach den vorstehenden Ausführungen ein Amtsgeschäft nicht vorliegt. Es ist unrichtig, wenn Joseph in JW. 26, 2584 annimmt, daß jede von einem Notar bei der Beurkundung erteilte Auskunft als Amtshandlung anzusehen sei, auch wenn sie nicht zur Beurkundungstätigkeit gehöre. Da ein selbständiger Vertragsabschluß über die Erteilung einer Auskunft selbst ohne besondere Vergütung möglich ist, so ist große Vorsicht am Platze (vgl. die Entsch. d. Kammergerichts vom 10. November 1925 in JW. 26, 2101). Die Folgen gestalten sich verschieden, je nachdem es sich um die Verletzung von Amtspflichten oder von Vertragspflichten handelt. Für erstere haftet der Notar nach § 839 **BGB.**, hinsichtlich seiner Gehilfen und Vertreter nur für culpa in eligendo (§ 831 **BGB.**). Die Verjährungsfrist beträgt drei Jahre (§ 852 **BGB.**). Bei der Verletzung von Vertragspflichten haftet der Notar für seine Gehilfen nach § 278 **BGB**. Die Verjährungsfrist beträgt dreißig Jahre, da die Verjährungsfrist von fünf Jahren nach § 32a RAO. für ihn nicht gilt. Die Haftung nach Amtsrecht ist insofern härter, als der Notar auch dritten Personen für den Schaden einstehen muß, den sie dadurch erleiden, daß sie auf die Ordnungsmäßigkeit der Beurkundung vertrauen. Das Reichsgericht zieht den Kreis dieser Personen sehr weit (vgl. RGZ. 66, 107; 72, 329; 78, 246; JW. 17, 358; Jastrow Anm. 3c zu Art. 83 Pr. FGG.; Oberneck S. 118).

V. Der Kreis der zu belehrenden Personen. Belehrung und Beratung.

Die Belehrungspflicht bezieht sich nur auf die Beteiligten (vgl. Art. 40 Pr. FGG.; Art. 27 und 28 Bayr. NotGes.; § 236 Bayr. GeschO. f. Not.; § 66 Bad. RPolGes.; § 9 Sächs. AG.; § 34 Abs. 2 Thür. AV. FGG.). Als Beteiligter ist diejenige physische Person anzusehen, die die Erklärung abgibt, nicht der, in dessen Name oder in dessen Interesse die Erklärung abgegeben wird (vgl. § 168 RFGG.). Wenn aber auch hiernach der Bevollmächtigte, nicht der Vollmachtgeber, der Vormund, nicht das Mündel, der Beteiligte ist, so ergibt sich doch aus der Natur eines solchen Rechtsgeschäftes die Notwendigkeit, bei der Belehrung die Interessen des Vertretenen zu berücksichtigen. Art. 40 Pr. FGG. bringt dies auch zum Ausdruck („ob ein Beteiligter . . . besitzt, oder bestehen sonstige Zweifel . . ."). Auf andere, wenn auch anwesende, Interessenten erstreckt sich die Belehrungspflicht nicht. Erteilt ihnen der Notar eine Belehrung, so handelt er nicht als Urkundsperson, sondern als Sachwalter (vgl. Oberneck S. 28, Schlegelberger

Note VI 1 a zu Art. 40). Das schließt aber nicht aus, daß sie den Notar zwar nicht wegen der Belehrung, wohl aber wegen eines Versehens bei der Beurkundung nach Amtsrecht in Anspruch nehmen können, da der Notar, wie oben S. 36 ausgeführt ist, jedem haftet, der dadurch einen Schaden erleidet, daß er auf die Ordnungsmäßigkeit der Beurkundung vertraut.

Allgemein wird die Belehrungspflicht von der **Beratungspflicht** geschieden und betont, daß nur die erstere von dem Notar zu erfüllen sei. Soweit damit gemeint ist, daß der Notar den Parteien seine Ansicht und Bedenken nicht aufdrängen, zum Abschluß des Rechtsgeschäfts weder raten noch davon abmahnen, sondern dies der freien Entschließung der Beteiligten überlassen soll (vgl. die Allgemeine Gerichtsordnung für die preußischen Staaten Teil II Titel 2 § 33), so ist dies zweifellos zutreffend. Aber es widerspricht dem Sprechgebrauch, den Begriff „Beratung" so eng zu fassen. Beratung ist die Mitteilung einer Ansicht darüber, wie eine Rechtsangelegenheit zu beurteilen und zu behandeln ist (vgl. auch Joachim Friedländer, Gebührenordnung für Rechtsanwälte, 7. Aufl., Note 1 zu § 47). Da der Notar, wie ausgeführt, die Parteien vor Unvorsichtigkeiten zu schützen hat und bei der Beurkundung die Verwirklichung des von den Parteien angestrebten Erfolges im Auge behalten muß, so ist mit der Belehrung regelmäßig eine Beratung verbunden. Nach § 10 Abs. 1 Bayr. GeschO. f. Not. soll der Notar die Beteiligten aufklären und „beraten".

Zweiter Abschnitt.

Besondere Bestimmungen.

Neben der bisher behandelten Belehrungspflicht allgemeiner Natur ist **dem Notar eine Belehrungspflicht in einer Reihe von Gesetzen auferlegt:**

I. **Grunderwerbsteuergesetz** (RGBl. 1919 S. 1617; 1923 I S. 1223; 1925 I S. 242). Bei der Veräußerung von Grundstücken hat der Notar die Beteiligten in der Urkunde darauf hinzuweisen, daß nach § 24 GrErwStGes. die Eintragung des Erwerbers in das Grundbuch erst stattfinden darf, wenn dem Grundbuchamt eine Bescheinigung der Steuerstelle beigebracht ist, daß die Steuer für den Eigentumsübergang gestundet oder ein der voraussichtlichen Höhe der Steuer entsprechender Betrag nach dem Goldwert geleistet oder die Steuer nicht zu erheben ist. Die Beteiligten sind auch darüber zu belehren, daß der Antrag auf Eintragung des Erwerbers ohne Zwischenverfügung vom Grundbuchamt zurückgewiesen werden kann, wenn nicht zugleich diese Bescheinigung eingereicht wird (vgl. auch JMBl. 19, 553, § 5; DNotV. 24, 374). Der § 24 GrErwStGes. gilt auch beim Erwerb von Todes wegen; wenn dieser auch steuerfrei ist, so soll doch die Frage, ob ein solcher Erwerb vorliegt, durch die Steuerbehörde, nicht durch das Grundbuchamt entschieden werden.

§ 24 bezieht sich nur auf die Steuer für den dinglichen Eigentumsübergang. Steuern, die nach § 5 Abs. 3 GrErwStGes. für etwaige Zwischengeschäfte zu entrichten sind, bleiben bei dem Verfahren aus § 24 außer Betracht (vgl. RFH. in JW. 26, 1712).

Die Notare haben von jeder Vertragsbeurkundung, die den Erwerb oder die Veräußerung inländischer Grundstücke durch Körperschaften oder Vermögensmassen betrifft, die nicht im Inland ihren Sitz oder Ort der Leitung haben, dem für ihren Sitz zuständigen Finanzamt Anzeige zu machen. Die Mitteilung kann durch Übersendung eines zweiten Stückes der für die Veranlagung der Grunderwerbsteuer erforderlichen Anzeige geschehen (AV. d. JM. vom 30. Oktober 1926 in JMBl. 26, 387).

II. Über die Belehrungspflicht des Notars beim **Verkauf von landwirtschaftlichen Grundstücken** siehe oben S. 11.

III. **Industriebelastungsgesetz** (RGBl. 1924 II S. 257, 269; vgl. hierzu das Merkblatt der Bank für deutsche Industrieobligationen, Berlin, abgedruckt in DNotV. 26, 404; ferner DNotV. 26, 300 und Reichel, DNotV. 26, 586 ff.).

Die Achte Verordnung zur Durchführung des Industriebelastungsgesetzes (DurchfVO. VIII IndBelGes.) vom 27. April 1926 (RGBl. II S. 251) bestimmt in Ausführung des § 43 Abs. 1 Satz 4 IndBelGes., daß vom 1. Mai 1926 an bei jeder Grundstücksveräußerung von Amts wegen festgestellt werden muß, ob das zu veräußernde Grundstück der dinglichen öffentlichen Last aus dem Industriebelastungsgesetz unterliegt oder nicht.

Ist das Grundstück belastet, so hat bei einer nach dem 30. April 1926 erfolgenden Veräußerung dieses Grundstücks der Grundbuchrichter vom 1. Mai 1926 ab vor der Eintragung des Eigentumswechsels die Feststellung der Zins- und Tilgungsbeträge, für die das Grundstück haftet, zu veranlassen und sie in das Grundbuch einzutragen (§ 1 Abs. 1 Durchf.-VO. VIII IndBelGes.; § 43 Abs. 1 Satz 4 IndBelGes.). Die vorgängige Eintragung der öffentlichen Last ist demnach, abgesehen von den unten angegebenen Ausnahmen, Voraussetzung für die Eintragung des Erwerbers auf Grund einer Veräußerung.

Bei den übrigen Grundstücken ist für die Eintragung der Veräußerung die Feststellung der Tatsache erforderlich, daß das Grundstück nicht mit der öffentlichen Last belastet ist. Der Nachweis dieser Tatsache müßte an sich durch eine Bescheinigung der Bank geführt werden (§ 13 DurchfVO. II IndBelGes.). Um die mit der Einholung einer solchen Bescheinigung verbundene Verzögerung der Eintragung zu vermeiden, sieht § 3 DurchfVO. VIII IndBelGes. ein Verfahren vor, welches die Einholung einer Bescheinigung der Bank erspart. Das Verfahren ist folgendes:

Im Falle der Veräußerung eines Grundstücks hat der die Veräußerung beurkundende Notar eine in die Urkunde aufzunehmende Erklärung des Veräußerers zu veranlassen, ob er zur Industriebelastung herangezogen worden ist, und wenn diese Frage bejaht wird, ob das Grundstück zum belasteten Betriebsvermögen gehört. Auf die Erklärung findet § 24 der Ersten Durchführungsbestimmungen zum Industriebelastungsgesetz vom 28. Oktober 1924 (RGBl. II S. 421) Anwendung; der Veräußerer ist hierauf ausdrücklich hinzuweisen. Die Strafverfolgung wegen Abgabe einer unrichtigen Erklärung tritt nur auf Antrag des Vorstandes der Bank ein; die Zurücknahme des Antrags ist zulässig.

Verneint der Veräußerer eine der Fragen, so bedarf es für die Eintragung des Eigentumswechsels einer Bescheinigung der Bank nicht, es sei denn, daß dem Grundbuchamt Tatsachen bekannt sind, die zu Zweifeln Anlaß geben.

Bejaht der Veräußerer beide Fragen, so gilt dem Grundbuchamt gegenüber der Nachweis, daß das Grundstück auf Grund des Industriebelastungsgesetzes belastet ist, als erbracht, es sei denn, daß dem Grundbuchamt Tatsachen bekannt sind, die zu Zweifeln Anlaß geben.

Der Veräußerer ist zur Industriebelastung herangezogen, wenn er eine Obligation (§§ 9 ff.; vgl. auch § 21 Ind.-BelGes.) ausgestellt hat, oder wenn zwischen zwei Umlegungen (§§ 5 und 6 d. Ges.) das Betriebsvermögen eines belasteten Unternehmers auf ihn übergegangen ist (§ 49 d. Ges.) oder schließlich, wenn er zwischen zwei Umlegungen infolge der Eröffnung eines belastungspflichtigen Betriebes einen Belastungsbescheid erhalten hat (§ 7 des Ges.). Die Schiffahrts- und Bahnunternehmer haben bei der ersten Umlegung keine Einzelobligation ausgestellt, vielmehr wurde nach § 12 IndBelGes. für diese beiden Gruppen je eine einheitliche Obligation ausgestellt. Die Aufteilung der Last auf die einzelnen Unternehmer erfolgt erst bei der nächsten Umlegung. Alsdann ist die Einzelobligation auszustellen. Solange läßt sich nur durch das Finanzamt feststellen, ob der betreffende Unternehmer der Industriebelastung unterliegt. Das Grundstück muß im Eigentum des Unternehmers stehen und zum belasteten Betriebsvermögen (nicht zum Privatvermögen) gehören (vgl. §§ 1 bis 4 IndBelGes., §§ 1 bis 3 DurchfVO. I IndBelGes., DNotV. 26, 406). Eigentümer ist in formal-juristischem Sinne zu verstehen. Bei einer offenen Handelsgesellschaft muß daher das Grundstück auf deren Namen eingetragen sein. Grundstücke, die auf den Namen aller Gesellschafter zu Bruchteilen eingetragen sind, haften nicht für die Last. Belastet auf Grund des Industriebelastungsgesetzes sind die Unternehmer (natürlichen und juristischen Personen) der industriellen und gewerblichen Betriebe mit Einschluß der bergbaulichen, der Schiffahrtsbetriebe (See- und Binnenschiffahrt), der Privatbahnen, der Kleinbahnen und Straßenbahnen.

Befreit sind:

a) die Landwirtschaft, die auch die forstwirtschaftlichen, gärtnerischen, Weinbau-, Viehzucht- und Fischereibetriebe umfaßt,
b) das Verkehrsgewerbe, soweit es sich nicht um Schiffahrtsbetriebe, Privatbahnen, Kleinbahnen oder Straßenbahnen handelt,
c) das Musik-, Theater- und Schaustellungsgewerbe,
d) die Betriebe, die ausschließlich das Bank-, Versicherungs-, Gast-, Schank- oder Beherbergungsgewerbe oder den Handel zum Gegenstande haben.

Ist der Hauptbetrieb nach dem Industriebelastungsgesetze belastet, so sind Nebenbetriebe auch dann mitbelastet, wenn diese für sich allein zu den nichtbelasteten Betrieben gehören würden. Ausgenommen von der Belastung sind nur Nebenbetriebe landwirtschaftlichen Charakters. Ist der Hauptbetrieb wegen seines Gegenstandes von der Belastung befreit, so sind Nebenbetriebe auch dann mitbefreit, wenn diese für sich allein zu den belasteten Betrieben gehören würden. Hat der Hauptbetrieb das Bank-, Versicherungs-, Gast-, Schank- oder Beherbungsgewerbe oder den Handel zum Gegenstand und besteht ein Nebenbetrieb, der für sich allein zu den belasteten Betrieben gehören würde, so ist der ganze Betrieb belastet. Daraus ergibt sich für die gemischten Betriebe folgendes: Gehört zu einem belasteten Hauptbetrieb als Nebenbetrieb Landwirtschaft, so ist dieser Nebenbetrieb frei. Ist Landwirtschaft, Verkehrsgewerbe (außer Schiffahrts- und Bauunternehmungen), Musik- oder Theaterunternehmen

Hauptbetrieb, so sind Haupt- und Nebenbetrieb frei. Ist Bank-, Versicherungs-, Gast-, Schank-, Beherbergungsgewerbe oder Handel Hauptbetrieb, so ist zu unterscheiden: Gehört der Nebenbetrieb der Industrie oder einem die Belastung begründenden Gewerbe im Sinne des Industriebelastungsgesetzes an, so sind Haupt- und Nebenbetrieb belastet. Sind Landwirtschaft, ein Verkehrsgewerbe (außer Schiffahrts- und Bahnunternehmungen), Musik- oder Theaterunternehmungen Nebenbetrieb, so sind Haupt- und Nebenbetrieb frei. Sind Schiffahrts- oder Bahnunternehmung Nebenbetrieb, so sind Haupt- und Nebenbetrieb belastet. Der Nebenbetrieb ist von dem unselbständigen Bestandteil eines Hauptbetriebes und von einem selbständigen Hauptbetriebe zu unterscheiden. Von einem unselbständigen Bestandteil eines Betriebes unterscheidet sich der Nebenbetrieb durch eine gewisse Selbständigkeit der Organisation und durch einen eigenen Geschäftskreis von nicht ganz unerheblichem Umfang. Von einem selbständigen Hauptbetrieb unterscheidet sich ein Nebenbetrieb durch seine wirtschaftliche Zweckbestimmung. Hat ein Betrieb überwiegend die Aufgabe, den Zwecken eines anderen Betriebes zu dienen und ihn zu fördern, so liegt nicht ein selbständiger Betrieb vor. Die Entscheidung hängt stets von den Umständen des einzelnen Falles ab (vgl. hierzu die Ausführungen des RFM. vom 4. November 1924 bei Hoffmann und Martin, Die Industriebelastungsgesetze, S. 53 ff.)

Nach einem auf Grund des § 69 des IndBelGes. ergangenen Schiedsspruch (RGBl. 1926 II S. 148) gehören zum belasteten Betriebsvermögen auch

a) die Grundstücke, welche seit dem 1. September 1924 dem Betriebsvermögen eines der Industriebelastung unterliegenden Unternehmens zugewachsen sind oder ihm künftig zuwachsen werden,

b) die Grundstücke, welche zum Betriebsvermögen eines anläßlich der ersten Umlegung freigebliebenen Unternehmens gehören, sobald diese Unternehmungen in der Folge der Industriebelastung unterworfen werden.

Reinhard in JW. 26, 1313 legt diesen Schiedsspruch dahin aus, daß, wenn der Erwerber des belasteten Grundstücks selbst wiederum ein der Industriebelastung unterliegender Unternehmer sei, nicht nur die bereits bestehende Hypothek dem Erwerber gegenüber gültig sei, sondern die bisher auf seinem Eigentum ruhende Aufbringungsschuld sich nunmehr auch auf das neuerworbene Grundstück erstrecke, so daß dieses jetzt doppelt hafte und sich bei weiteren Veräußerungen die Belastung weiter steigern könne. Der Wortlaut des Schiedsspruchs bietet jedoch für eine solche Auslegung keinen Anhalt (vgl. Keichel a. a. O. S. 596). Ein derartiger, den Bestimmungen des Industriebelastungsgesetzes zuwiderlaufender Spruch würde auch durch die Klausel des § 69 des IndBelGes. nicht gedeckt werden.

Das oben geschilderte Verfahren findet Anwendung bei allen Veräußerungen inländischer Grundstücke und gleichgestellter Rechte. Den Grundstücken sind durch § 43 Abs. 4, § 41 Abs. 1 IndBelGes., § 4 DurchfVO. VIII IndBelGes. gleichgestellt: inländische Erbbaurechte, Kohlenabbaugerechtigkeiten, Bergwerkseigentum, Bahneinheiten. Der Begriff „Veräußerung" im § 3 DurchfVO. VIII IndBelGes. bedeutet die dingliche Einigung über den Eigentumsübergang (Auflassung), nicht den Kaufvertrag oder das sonstige schuldrechtliche Rechtsgeschäft. Ein Eigentumsübergang ohne Auflassung, z. B. durch Erbgang, ist keine Veräußerung. Die öffentliche Last geht hier auf den neuen Eigentümer über; eine vorherige Eintragung der Last kommt jedoch, da keine „Veräußerung" erfolgt, nicht in Frage, auch wenn eine Berichtigung des Grundbuchs bezüglich des Eigentumswechsels nicht erfolgt ist. Von der Veräußerung ist ferner zu unterscheiden der Übergang des Betriebsvermögens im Sinne des § 49 Abs. 1 IndBelGes. Trotz des Haftungsüberganges erfolgt also hier keine Eintragung (vgl. oben S. 27).

Die Eintragung einer Vormerkung zur Sicherung des Anspruchs auf Auflassung wird durch § 43 Abs. 1 IndBelGes., § 3 DurchfVO. VIII, nicht berührt.

Durch Anträge bei der Bank kann eine Befreiung oder Verteilung herbeigeführt werden. Auch wenn nämlich festgestellt ist, daß das Grundstück der öffentlichen Last unterliegt, findet ein lastenfreier Übergang dann statt, wenn Bank und Treuhänder gemäß § 43 Abs. 2 IndBelGes. auf Antrag des Veräußerers der Befreiung zustimmen. Wird die erfolgte Befreiung dem Grundbuchrichter durch eine Bescheinigung der Bank (§ 10 DurchfVO. II Ind.-BelGes.) nachgewiesen, so kann er die Eintragung der Veräußerung nunmehr vornehmen. Außer einer Befreiung vom Übergang der Last kann durch einen Antrag bei der Bank auch die Verteilung der Last auf mehrere Grundstücke begehrt werden (§ 43 Abs. 1 Satz 2 IndBelGes.). Diesem letzteren Antrage muß stattgegeben werden. Die erfolgte Verteilung wird durch eine Bescheinigung der Bank nachgewiesen (§ 9 DurchfVO. II IndBelGes.); die Eintragung der Last hat alsdann nur in der aus der Bescheinigung sich ergebenden Höhe zu erfolgen. Auf die vorstehend geschilderten Antragsmöglichkeiten wird der Notar den Veräußerer eines industriebelasteten Grundstücks zweckmäßigerweise aufmerksam machen.

Die Bedeutung des Industriebelastungsgesetzes vom 30. August 1924 (RGBl. II S. 257) für den Hypothekarkredit wird stark überschätzt. Die Belastung betrug zunächst 17,1 v. H. des bei der Veranlagung zur Vermögenssteuer 1924 festgestellten Vermögens und wurde durch die DurchfVO. V vom 6. April 1925 (RGBl. II S. 156) um 8 v. H. ihres Betrages ermäßigt. Das belastete Grundstück haftet für die Jahresleistungen an Zinsen und Tilgungsbeträgen (§§ 41, 10 d. Ges.), dagegen kann die Zahlung des Kapitals niemals verlangt werden. Es liegt eine Amortisationsschuld, keine Kapitalschuld vor. Im Falle der Zwangsversteigerung nehmen die rückständigen Ansprüche sowie die künftigen Ansprüche, soweit sie bis zum Ende des Jahres fällig werden, in dem die Neuumlegung erfolgt, an dem in § 10 Nr. 3 ZwVerstGes. festgesetzten Rang teil (vgl. § 46 d. Ges.). Die dingliche Haftung des Grundstücks wird aber selten praktisch werden, denn die Frage, wie der Betrag von fünf Milliarden Goldmark als Beitrag der deutschen Industrie zu den Reparationszahlungen aufzubringen sei, regelt das Gesetz zur Aufbringung der Industriebelastung vom 30. August 1924 (RGBl. II S. 269). Bei normalem Verlauf werden die jährlichen Zinsen und Tilgungsbeträge gemäß den Bestimmungen dieses Gesetzes aufgebracht und Ausfälle aus der Rücklage (§ 10 d. Ges.) gedeckt werden. Nur wenn ein anderer Gläubiger die Zwangsversteigerung betreibt, wird die Belastung zur Geltung kommen, aber auch nur im Rahmen des § 46 IndBelGes.

IV. **Kapitalverkehrsteuergesetz** (RGBl. 1922 S. 354; 1923 I S. 198, 555, 1117, 1205; 1924 I S. 74, 399, 707, II 383, I 741, 775; 1925 I S. 241; 1926 I S. 215).

a) Kapitalgesellschaften. Bei der Aufnahme von Urkunden über Leistungen zum Erwerb von Gesellschaftsrechten (§ 6 a des Gesetzes; § 5 AusfBest.) haben die Notare eine Erklärung der Beteiligten über den Wert des für die Steuerberechnung maßgebenden Gegenstandes (§ 11 Abs. 2 des Gesetzes) sowie darüber aufzunehmen, ob und welche in der Urkunde nicht aufgeführte, unter § 6 zu a und b des Gesetzes fallende Zahlungen und Leistungen von den Gesellschaftern neben den beurkundeten übernommen worden sind und ob die Gesellschafter der Gesellschaft Darlehen gewährt, Forderungen gegen sie erworben oder ihr Forderungen gestundet haben. Lehnen die Beteiligten eine solche Angabe ab, so ist dies in die Urkunde aufzunehmen (§ 16 AusfBest.). Kommen derartige Zahlungen oder Forderungen nicht in Betracht, so empfiehlt sich folgende Fassung am Schlusse des Protokolls: „Irgendwelche Zahlungen und Leistungen, welche in dieser Urkunde nicht aufgeführt sind, sind nicht übernommen worden. Darlehen haben wir der Gesellschaft nicht gewährt, Forderungen gegen sie nicht erworben, auch haben wir ihr Forderungen nicht gestundet."

Die Notare dürfen den Beteiligten die Urschrift, eine Ausfertigung oder beglaubigte Abschrift erst aushändigen, wenn das Finanzamt den Eingang der Abschrift bestätigt oder seine Zustimmung zu der Aushändigung erteilt hat (§ 17 AusfBest.). Bei der Aufnahme der Urkunden sind die Beteiligten auf ihre Anmeldepflicht (§ 72 Abs. 1 des Gesetzes, §§ 13, 15 Abs. 5 AusfBest.), auf § 17 AusfBest. und darauf hinzuweisen, daß die Eintragung der Errichtung einer Kapitalgesellschaft oder der Erhöhung ihres Kapitals in das Handelsregister nur zulässig ist, wenn das Finanzamt bescheinigt hat, daß der Eintragung in das Handelsregister steuerliche Bedenken nicht entgegenstehen (§ 23, 25 AusfBest.; AusfVO. vom 10. März 1924, Allgem. Verfügung v. 10. März 1923 in JMBl. 23, 216, II A 2).

b) Andere Erwerbsgesellschaften. Die Landesfinanzämter sind ermächtigt, für ihren Bezirk anzuordnen, daß die Gesellschaftssteuer des Teiles I B und C des Gesetzes statt durch Barzahlung ausschließlich durch Verwendung von Gesellschaftssteuermarken zu den steuerpflichtigen Urkunden zu entrichten ist (§ 73 AusfBest.). (Diese Markenverwendung haben zurzeit die Landesfinanzämter Groß-Berlin, Düsseldorf, Magdeburg, Kiel und Münster angeordnet.) In diesen Bezirken sind die Notare verpflichtet, innerhalb zweier Wochen nach Entrichtung der Urkunde die erforderlichen Gesellschaftssteuermarken zur Urschrift der Urkunde zu verwenden. Dies gilt auch dann, wenn sie den Entwurf der Urkunde angefertigt und die Unterschriften oder Handzeichen beglaubigt haben. Entstehen Zweifel über die Höhe der Steuer oder den Wert des Gegenstandes, so ist die Entscheidung des Finanzamtes einzuholen; desgleichen wenn die Beteiligten eine Angabe über den Wert des Gegenstandes ablehnen. Die Erklärung der Beteiligten über den Wert ist von dem Notar in die Urkunde aufzunehmen, ebenso die Ablehnung einer Wertangabe. Die Notare dürfen die Urschrift, eine Ausfertigung oder beglaubigte Abschrift der Urschrift den Beteiligten erst aushändigen, wenn die erforderliche Gesellschaftssteuer in Marken zur Urkunde verwendet ist (§ 75 Abs. 7 AusfBest.). Bei der Beurkundung sind die Beteiligten auf diese Bestimmungen hinzuweisen, sowie darauf, daß die Eintragung in das Handelsregister nur zulässig ist, wenn zu der Urkunde die erforderliche Gesellschaftssteuer vorschriftsmäßig in Marken verwendet oder der Rechtsvorgang steuerfrei bleibt.

c) Börsenumsatzsteuer. Für die Entrichtung der Steuer gilt bei Anschaffungsgeschäften über Geschäftsanteile an Gesellschaften mit beschränkter Haftung dasselbe wie bei den Erwerbsgesellschaften. Wenn also angeordnet ist, daß die Gesellschaftssteuer durch Verwendung von Gesellschaftssteuermarken zu entrichten ist, hat auch die Entrichtung der Börsenumsatzsteuer für notariell beurkundete Anschaffungsgeschäfte über Geschäftsanteile an Gesellschaften mit beschränkter Haftung und Abtretung solcher Geschäftsanteile, soweit das der Abtretung zugrunde liegende Anschaffungsgeschäft nicht versteuert ist, ausschließlich durch Verwendung von Börsenumsatzsteuermarken zu erfolgen. Kommt der Vertrag in der Weise zustande, daß in getrennten Verhandlungen zunächst der Antrag und sodann die Annahme des Antrags vom Notar beurkundet wird, so ist die Steuer zur Urkunde über die Annahme zu entrichten (§ 176 Ausf.-Best.). Die Marken sind ungeteilt auf die Urkunde aufzukleben. Bei anderen Anschaffungsgeschäften im Sinne des § 35 des Kapitalverkehrssteuergesetzes sind die Börsenumsatzsteuermarken zu der auszustellenden Schlußnote zu verwenden, soweit nicht die Versteuerung im Abrechnungsverfahren erfolgt (§ 155 AusfBest.). Die Beteiligten sind auf ihre Steuerpflicht hinzuweisen (§ 175 AusfBest.). Nach §§ 175, 176 AusfBest. z. KapVerkStG. haben die Beteiligten den für die Steuerberechnung maßgebenden Wert anzugeben und eine Erklärung darüber abzugeben, ob außer der beurkundeten noch andere Gegenleistungen vereinbart worden sind.

Nach § 43 KapVerkStG. entsteht die Steuerschuld, sobald das Anschaffungsgeschäft abgeschlossen ist. Die Hinzufügungen von Bedingungen und Befristungen ist ohne Einfluß auf die Entstehung der Steuerschuld (RFH. II. Sen., Urt. vom 30. Okt. 1925 — II A 503/25 —, JW. 26, 627). Infolgedessen sind z. B. Anschaffungsgeschäfte unter Vorbehalt der Zustimmung der Generalversammlung einer Gesellschaft zu vermeiden und besser Offerten zu wählen (vgl. Flechtheim a. a. O.).

V. Erbschaftsteuergesetz (RGBl. 1925 I S. 320). Nach § 27 des Gesetzes haben die Notare eine beglaubigte Abschrift der von ihnen beurkundeten Schenkungen und Zweckzuwendungen dem Finanzamt zu übersenden. Die Verpflichtung bezieht sich auch auf die Geschäfte, die sachlich eine Schenkung enthalten. Hier ist z. B. an Fälle zu denken, in denen das Geschäft in die Form eines lästigen Vertrages gekleidet ist, tatsächlich aber eine Schenkung enthält. Auf der Urschrift ist zu vermerken, wann und an welches Finanzamt die Übersendung erfolgt ist. Ergibt bei Schenkungen unter Lebenden der Inhalt der Beurkundung nicht das Verwandtschafts- oder Schwägerschaftsverhältnis des Erwerbers zum Schenker, so ist der Schenker hierüber zu befragen. Seine Angaben sind dem Finanzamt mitzuteilen. Das gleiche gilt bei Schenkungen unter Lebenden und bei Zweckzuwendungen unter Lebenden hinsichtlich des Wertes der Zuwendung.

Vor der Beurkundung sind die Beteiligten auf ihre etwaige Steuerpflicht hinzuweisen.

VI. Preußisches Stempelsteuergesetz (Pr.GS. 1924 S. 627 ff.). Nach § 7 dieses Gesetzes in Verbindung mit AusfBest. Nr. 7 sind die Notare verpflichtet, wenn es für die Ermittlung der der Stempelberechnung zugrunde zu legenden Werte auf Umstände ankommt, die aus der Urkunde nicht ersichtlich sind, z. B. auf das Lebensalter einer Person, die Beteiligten über diese Umstände zu befragen und das Ergebnis auf der Urkunde zu vermerken. Ist ein Geschäft seinem Inhalte nach so unbestimmt, daß sich sein Wert auch nicht annähernd schätzen läßt, so hat der Notar die Parteien über die die Berechnung und Überwachung der später zu entrichtenden Stempel bedingenden Umstände zu vernehmen und ihre Erklärungen zu den Akten zu vermerken (vgl. § 8 des Gesetzes und Nr. 8 der AusfBest.). Wenn bei Rechtsgeschäften über mehrere, verschiedenen Steuersätzen unterliegende Gegenstände in der Urkunde das Entgelt ohne Angabe der Einzelwerte ungetrennt in einer Summe oder Leistung verabredet ist (z. B. ein Werklieferungsvertrag nichts darüber enthält, wieviel von dem Gesamtpreis auf den Materialienwert und wieviel auf Arbeitsvergütung entfällt), so hat der Notar die Beteiligten über die Höhe der Einzelwerte zu vernehmen. Können sie eine Erklärung hierüber nicht abgeben, so sind sie darüber zu belehren, daß sie berechtigt seien, die Einzelwerte innerhalb der Fristen der §§ 15, 16 des Gesetzes noch nachträglich anzugeben, und daß, wenn eine solche Angabe nicht erfolge, der Höchststeuersatz nach dem Gesamtwerte der Urkunde erhoben werde. Über die Belehrung ist ein Vermerk in die Urkunde aufzunehmen oder auf die Urkunde zu setzen (vgl. § 10 des Gesetzes, Nr. 10 der Ausf.-Best.).

Wenn bei der Beurkundung von Verträgen über die Veräußerung eines Grundstücks nebst Gegenständen, die nicht unter das Grunderwerbsteuergesetz fallen, das Entgelt von den Beteiligten in einer Summe vereinbart wird, hat sie der Notar darüber zu vernehmen, welcher Teil des Entgeltes auf die nicht unter das Grunderwerbsteuergesetz fallenden Gegenstände entfällt. Können die Beteiligten zur Zeit der Beurkundung eine Erklärung hierüber nicht abgeben, so sind sie aufzufordern, solche binnen zwei Wochen schriftlich einzusenden. Das gleiche gilt, wenn bei Auflassungen die der Übereignung zugrunde liegende Urkunde vorgelegt wird, in dieser aber der Wert der nicht unter das Grunderwerbsteuergesetz fallenden Gegenstände nicht angegeben ist (vgl. § 7 Pr. StempStG., AusfBest. Nr. 7 und 44; gemeinschaftliche Verf. des Justizministers und des Finanzministers vom 19. Jan. 1926 über gerichtliche Landesstempelsachen, JMBl. 1926 S. 17 ff.). Gemäß § 154 RAO. wird bei der Berechnung der Grunderwerbsteuer weder das bewegliche Inventar noch der Wert der Maschinen oder sonstiger Vorrichtungen, die der Betriebsanlage des Grundstücks dienen, berücksichtigt, selbst wenn es sich um wesentliche Bestandteile des Grundstücks handelt. Wird also ein Grundstück mit Inventar veräußert, so ist für das Inventar, jedenfalls soweit es Zubehör ist (zweifelhaft, soweit es wesentlicher Bestandteil ist), nach Tarifstelle 7 Abs. 1 b ein Stempel von zwei Drittel vom Hundert des Wertes des Inventars zu erheben (vgl. Bl. f. Rechtspfl. 26, 101).

Sachregister.

(Die Zahlen bedeuten die Seiten.)

A.

B.

D.

E.

F.

G.

Otto Walter, Buchdruckerei, Berlin S 14

Kolibri 360 GmbH
Ferdinand-Jühlke-Straße 7
99095 Erfurt, Deutschland
produktsicherheit@kolibri360.de